PROJET

DE

CODE CIVIL

PARIS

IMPRIMERIE ADMINISTRATIVE ET DES CHEMINS DE FER DE PAUL DUPONT
ET RUE JEAN-JACQUES-ROUSSEAU (HÔTEL DES POSTES)

1870

PROJET

DE

CODE CIVIL

PROJET DE CODE CIVIL

DISPOSITIONS PRÉLIMINAIRES

1 — Les lois qui composent les présents codes sont exécutoires sur tout le territoire du pays à partir du jour où les nouveaux tribunaux seront installés.

2 — Elles n'auront aucun effet rétroactif. Toutefois les lois de procédure et de compétence seront applicables au règlement des contestations nées sur des obligations antérieures à la date ci-dessus.

3 — Il sera donné suite devant les nouveaux tribunaux aux litiges commencés qui seront de leur compétence, pourvu qu'il ne soit pas intervenu sur le fond un jugement définitif en premier ressort.

La procédure sera suivie sur le dernier acte.

4 — Les questions relatives à l'état et à la capacité des personnes et au statut matrimonial, aux droits de succession naturelle ou testamentaire, aux tutelles et curatelles seront jugées conformément aux lois de la nation de la partie. Les nouveaux tribunaux n'en pourront connaître qu'incidemment, et pourront fixer un délai pour qu'il soit statué, par le tribunal compétent, sur l'incident.

5 — Les immeubles, même ceux possédés par des étrangers, seront régis par les lois locales, et il ne pourra être statué sur les droits réels immobiliers que par les tribunaux locaux.

6 — Les lois de police et de sûreté obligent tous ceux qui habitent le territoire.

7 — En cas de silence, d'insuffisance ou d'obscurité de la loi, le juge se conformera aux règles de l'équité.

8 — Les additions et modifications aux présentes lois seront édictées sur l'avis conforme du corps de la magistrature, et au besoin sur sa proposition.

9 — Tout sujet local pourra être cité devant les tribunaux du pays à raison des obligations par lui contractées, même à l'étranger.

10 — Il en sera de même des étrangers qui se trouvent dans le pays, ou qui l'auront quitté dans les six mois qui auront précédé la demande en justice, sans préjudice de la compétence des tribunaux de commerce dans les cas déterminés par la loi et quelle que soit que soit la résidence du défendeur.

11 — Les tribunaux de répression jugeront également les crimes et délits de leur compétence, quelle que soit la résidence de l'étranger.

Titre Ier

DES BIENS

CHAPITRE PREMIER

Des différentes sortes de biens

12 — Les biens sont meubles ou immeubles.

13 — Sont immeubles, les biens qui ont reçu de la nature ou de la main des hommes, une assiette fixe et immobile, et ne peuvent se transporter sans rupture ou détérioration, et tous les droits réels sur ces biens.

14 — Tous les autres biens sont meubles.

15 — Les termes de *mobilier*, *effets mobiliers*, et *biens meubles* employés dans la loi comprennent indistinctement tout ce qui est meuble.

16 — Néanmoins sont considérés comme immeubles, en ce sens qu'ils ne peuvent être saisis séparément des immeubles dont ils dépendent, les ustensiles d'agriculture, et troupeaux nécessaires à la culture, quand ils appartiennent au propriétaire du terrain, et les ustensiles et approvisionnement des usines, quand ils appartiennent au propriétaire de ces usines.

17 — Les biens sont susceptibles de droits différents par rapport à ceux qui en profitent ; ces droits sont :

1° La propriété ;

2° L'usufruit ;

3° Les servitudes ;

4° Le droit réel de privilège, d'hypothèque et de rétention.

18 — On appelle biens *mulks* ceux sur lesquels les particuliers peuvent avoir un droit entier de propriété.

19 — Les biens *haradjis* ou *tributaires* sont ceux qui appartiennent à l'État et dont il a cédé, dans les conditions et dans les cas prévus par les règlements, l'usufruit aux particuliers.

20 — Les biens *wakfs* sont ceux qui sont propriété de mainmorte au profit d'établissements pieux, dont l'usufruit peut être également cédé aux particuliers dans des conditions déterminées par les règlements.

21 — Les biens *libres* (*moubah*) sont ceux qui n'ont pas de propriétaires et qui peuvent devenir la propriété du premier occupant.

22 — Toutefois les terres qui sont dans ce cas ne peuvent être occupées qu'avec l'autorisation du gouvernement, et sous les conditions établies par les règlements.

23 — Les biens de l'État, tels que fortifications, ports, etc., ne sont pas susceptibles d'une propriété privée.

24 — Les biens servant à l'utilité publique, comme les routes, ponts, rues des villes, etc., sont dans le même cas.

CHAPITRE II

De la propriété

25 — La propriété est le droit le plus complet d'user, de disposer et même de détruire un bien.

26 — Elle donne droit à tous les produits, naturels ou accidentels et à tous les accessoires de ce bien.

CHAPITRE III

De l'usufruit

27 — L'usufruit est le droit d'user et de jouir d'un bien dont la nue propriété appartient à un autre.

28 — Il peut être restreint par la convention ou la libéralité qui l'a constitué, et se réduire, par exemple, à un simple droit d'usage personnel ou à un droit d'habitation.

29 — Il peut être temporaire ou perpétuel.

30 — Entre particuliers, il ne peut être que temporaire.

31 — Il ne peut être constitué qu'au profit d'une ou plusieurs personnes nées au moment de la constitution, et finit en tous cas à leur décès, si le terme fixé ne précède pas ce décès.

32 — Toutefois il est permis de donner par testament la nue propriété à un établissement dépendant du ministère des wakfs, et l'usufruit à une ou plusieurs personnes et à leurs héritiers en ligne directe, auquel cas la toute propriété revient à cet établissement seulement après le décès de tous les membres de la famille usufruitière.

33 — L'usufruit peut être perpétuel, quand il est établi par l'État sur des terres *kharidjie* dans les termes des règlements.

34 — Dans ce cas, il peut être cédé en totalité ou partiellement ou hypothéqué.

35 — L'usufruit constitué par le ministère des *wakfs* est transmissible conformément à la loi du 7 saffer 1284 (10 juin 1867).

Il peut être donné à bail ou en antichrèse.

36 — Les droits et obligations qui naissent de l'usufruit sont réglés par les conditions imposées par l'acte de constitution et par les dispositions suivantes :

37 — L'usufruitier doit user de la chose suivant sa destination.

38 — S'il s'agit de choses mobilières, il doit être fait inventaire et donné caution ; à défaut de caution, les meubles sont vendus et le produit placé en fonds publics dont le revenu est remis à l'usufruitier.

39 — L'usufruitier peut user des choses qui se consomment par l'usage, mais à la charge de les remplacer à la fin de l'usufruit.

40 — Il profite de l'augmentation qui résulte du croît des troupeaux, après remplacement par le croît des bêtes qui périssent par cas fortuit.

41 — Il n'est pas responsable de la perte ou détérioration de la chose arrivée sans sa faute.

42 — L'usufruitier doit faire les dépenses d'entretien et ne peut exiger que le propriétaire fasse aucune dépense.

43 — Il ne peut faire aucune construction ou plantation sans le consentement du propriétaire, et il devra prouver ce consentement par écrit, l'aveu ou le serment de ce dernier.

44 — L'usufruit s'éteint par l'expiration du temps fixé, par la renonciation, par la perte de la chose, et par l'abus qui est fait de la chose par l'usufruitier, sous réserve de droits de créanciers hypothécaires.

45 — Il peut être annulé par suite de l'inexécution des conditions imposées à l'usufruitier, sous la même réserve.

46 — L'usufruitier d'un bien *haradji*, qui ne paye pas le tribut, peut être privé de son usufruit, sous réserve des droits des créanciers hypothécaires.

47 — Le défaut de payement de l'impôt pour les terres dont l'État est au propriétaire, donne seulement lieu à la vente forcée de partie de l'usufruit du terrain nécessaire pour couvrir cet impôt.

48 — L'usufruit finit encore par suite du non usage pendant quinze ans.

L'usufruitier des terres tributaires et des *abadies* perd son droit à l'usufruit, s'il laisse la terre sans culture pendant cinq années, et l'usufruit est mis aux enchères conformément aux règlements.

CHAPITRE IV

Des Servitudes

49 — Une servitude est une obligation imposée à un immeuble au profit d'un autre immeuble.

Les servitudes sont réglées d'après le titre de leur constitution et d'après les usages locaux.

50 — L'étendue du droit d'user des eaux des canaux construits par l'État ou par une corporation, est proportionnelle aux terrains à arroser, sauf ce qui sera ordonné par la loi relative aux syndicats établis en cette matière.

51 — Celui qui a établi un canal a seul le droit de se servir de l'eau de ce canal ou de la vendre.

52 — On doit, sur son terrain, le passage de l'eau nécessaire au fond le plus éloigné de la prise d'eau, moyennant le payement d'une indemnité préalable réglée par les tribunaux, qui détermineront, en cas de contestation, les travaux à faire pour l'établissement du passage, de façon à ce qu'il soit le moins dommageable possible.

Mais le propriétaire qui arrose ses terres au moyen de machines ou de canaux, ne peut forcer les fonds inférieurs à recevoir ses eaux.

53 — Le propriétaire de l'étage inférieur d'un bâtiment doit faire les constructions nécessaires pour empêcher la chute de l'étage supérieur.

S'il se refuse à faire les travaux de consolidation nécessaires, la vente de la partie de la maison qui leur appartient peut être ordonnée.

En tout cas, les travaux urgents peuvent être ordonnés par le juge des référés.

54 — Le propriétaire de l'étage supérieur ne doit pas surélever les constructions de manière à nuire à l'étage inférieur.

55 — Le propriétaire de l'étage inférieur doit entretenir le plafond, y compris les poutres qui sont présumées lui appartenir. Le propriétaire de l'étage supérieur doit entretenir le carrelage ou plancher de son étage; il doit entretenir aussi l'escalier, depuis l'endroit qui ne sert pas au propriétaire de l'étage inférieur.

56 — Si la construction vient à tomber, le propriétaire de l'étage inférieur est obligé de reconstruire son étage, faute de quoi sa propriété pourra être vendue en justice.

57 — Nul ne peut forcer son voisin à s'enclore, ni à céder partie de son mur ou du terrain sur lequel se trouve ce mur.

58 — Toutefois, le propriétaire d'un mur ne peut le détruire volontairement, sans motif sérieux, de façon à nuire au voisin dont la propriété est close.

59 — Nul ne peut avoir sur son voisin une vue droite à une distance moindre d'un mètre (2 pieds 2/3 environ).

60 — La distance se mesure du parement extérieur du mur où la vue est pratiquée, ou de la ligne extérieure du balcon ou de la saillie.

61 — Les usines, puits, machines à vapeur, etc., et tout établissement nuisible aux voisins, doivent être construits aux distances et dans les conditions prescrites par les règlements.

62 — Tout propriétaire doit envoyer ses eaux pluviales et ménagères sur son terrain ou sur la voie publique, en se conformant aux règlements de salubrité.

63 — Le droit de passage jusqu'à la voie publique des propriétés enclavées est réglé par les tribunaux, en ce qui concerne son mode d'exercice et l'indemnité préalable à laquelle il donne droit.

CHAPITRE V

Des modes d'acquérir la propriété et les droits réels

64 — La propriété et les droits réels s'acquièrent :
Par l'effet des obligations ;

Par les donations;
Par les successions et testaments;
Par appropriation;
Par accession;
Par la préemption;
Par la prescription.

SECTION I — Effet des obligations.

65 — La propriété des meubles et des immeubles est acquise par l'effet de l'obligation de donner, quand la chose est la propriété de l'obligé.

66 — Toutefois, la propriété des meubles s'acquiert par la délivrance en vertu d'un juste titre, bien que celui qui la livre ne soit pas propriétaire, pourvu que celui qui reçoit soit de bonne foi, et sauf le droit de revendication du véritable propriétaire, en cas de perte ou de vol.

67 — En matière immobilière, la propriété et les droits réels ne sont acquis, à l'égard des tiers, que moyennant les formalités de transcription déterminées par la loi.

SECTION II — Des Donations

68 — La propriété des meubles et immeubles donnés est acquise par le fait même de la donation et de l'acceptation : Toutefois, quand la libéralité ne revêt pas les formes d'un autre contrat, la donation et l'acceptation doivent avoir lieu par un acte authentique, sous peine de nullité.

69 — En matière de meubles, la donation est parfaite, sans qu'il y ait besoin d'acte authentique, s'il y a délivrance effective et prise de possession.

70 — Lorsque le donateur meurt ou devient incapable avant l'acceptation, la donation est nulle.

71 — L'acceptation peut être faite par les héritiers du donataire décédé ou les représentants des incapables.

72 — Nul ne peut faire une donation au préjudice de ses créanciers actuels.

73 — La donation immobilière n'est opposable aux tiers que dans les termes des dispositions relatives à la transcription des actes de donation.

74 — Nul ne peut immobiliser son bien à titre de *wakouf*, au préjudice de ses créanciers, à peine de nullité de l'immobilisation.

SECTION III — Des Successions

75 — Les successions sont réglées d'après les lois de la nation à laquelle appartient le défunt.

76 — Toutefois, le droit de succession à l'usufruit des biens *wakfs* ou tributaires, est réglé d'après la loi locale.

77 — La capacité de tester et la forme du testament sont réglées d'après la loi de la nationalité du testateur.

En matière immobilière, les dispositions relatives à la résolution des droits de propriété, à raison de légitime, réserve, quotité disponible, etc., ne préjudicient pas aux tiers acquéreurs et créanciers hypothécaires de bonne foi.

SECTION IV — De l'Appropriation

78 — L'appropriation acquiert au premier occupant la propriété des biens qui n'ont pas de propriétaire.

79 — En ce qui concerne les terres non cultivées, et qui sont de plein droit la propriété de l'État, la prise de possession ne peut avoir lieu qu'avec l'autorisation de l'État et moyennant la constitution d'une *abadie*, conformément aux *règlements locaux*.

80 — Toutefois celui qui a cultivé, ou planté un terrain de cette nature, ou qui a bâti dessus, devient plein propriétaire de la partie cultivée, plantée ou construite; mais, pendant les quinze premières années, il perd sa propriété par le non usage pendant cinq années.

81 — Le Trésor enfoui, dont le précédent propriétaire ne peut être retrouvé, appartient au maître du sol.

82 — Si le terrain n'a pas de propriétaire, le Trésor appartient à celui qui l'a découvert, sauf l'impôt, dans tous les cas, au profit de l'État d'après les règlements.

83 — Les droits sur la pêche et sur la chasse sont régis par des règlements particuliers.

SECTION V — De l'Accession

84 — Les alluvions apportées lentement par les fleuves appartiennent au propriétaire riverain.

85 — Les attributions de terrains déplacés par le fleuve, et des îles formées dans son lit sont réglées conformément au décret de 1274.

86 — Les alluvions des lacs restent aux propriétaires des lacs.

87 — Les alluvions de la mer appartiennent à l'État.

88 — Il n'est pas permis d'empiéter sur la mer, si ce n'est pour rétablir les limites de la propriété.

89 — Celui qui, du consentement exprès du propriétaire et sans réserve, a construit ou planté sur son terrain, devient propriétaire du sol sur lequel est établie la construction et de celui qui est occupé par l'arbre.

90 — A défaut de preuve du consentement sans réserve du propriétaire, le terrain sera présumé avoir été prêté et le propriétaire a le choix d'exiger la destruction et l'enlèvement des plantations et constructions ou de les conserver en payant le prix des matériaux et la main-d'œuvre.

91 — Si celui qui a planté ou construit avait de justes raisons de se croire propriétaire, les plantations et constructions ne seront pas détruites, mais le vrai propriétaire pourra se borner à payer le montant de la plus-value de l'immeuble à dire d'experts.

92 — Lorsque deux objets mobiliers, appartenant à deux propriétaires, se trouvent réunis sans qu'il soit possible de les séparer sans détérioration, les Tribunaux statueront d'après les règles de l'équité, par la séparation, en tenant compte du dommage causé, de la position des parties et de leur bonne foi.

SECTION VI — De la Préemption en matière immobilière

93 — Celui qui a prêté son terrain avec permission de bâtir ou de planter a un droit de préemption en offrant de payer le prix demandé à l'acquéreur, quand même la durée du prêt ne serait pas expirée.

94 — Le copropriétaire indivis a le droit d'acheter, par préférence à tous autres que le précédent préempteur, la part aliénée par un autre de ses copropriétaires indivis, en offrant le prix et les loyaux coûts.

95 — Il peut exercer ce droit contre l'acquéreur déjà copropriétaire et doit en faire profiter tous ses copropriétaires indivis s'ils l'exigent.

96 — Le droit ne peut s'exercer contre un donataire ni contre celui qui a acquis autrement que par vente ou échange.

97 — Il n'appartient pas à celui au profit de qui une part indivise a été immobilisée par *wakf*, mais il appartient à l'immobilisateur à la condition que ce soit pour immobiliser la partie préacquise.

98 — Le droit n'existe plus si les communistes ont fait un acte duquel il résulte qu'ils ont reconnu la copropriété de l'acquéreur.

99 — Après les deux précédents préempteurs, les voisins peuvent exercer le droit de préemption en offrant le prix et les loyaux coûts.

100 — Le droit cesse quand la vente a eu lieu en justice.

101 — Dans tous les cas celui qui a un droit de préemption doit, à peine de déchéance, déclarer son intention de retirer l'immeuble dans les vingt-quatre heures de la mise en demeure, outre les délais de distance.

SECTION VII. — De la Prescription

102 — La propriété et les droits réels autres que l'hypothèque s'acquièrent par une possession paisible, publique et

continue à titre non équivoque de propriétaire, pendant cinq ans
par soi-même ou par un tiers pour soi, pourvu que le possesseur ait un juste titre, et pendant quinze ans s'il n'a pas juste
titre.

103 — Celui qui prescrit peut invoquer la possession de
celui de qui il tient la chose.

104 — La possession prouvée à une époque déterminée et
la possession actuelle font présumer la possession intermé-
diaire, à moins de preuve du contraire.

105 — L'usufruit des terres tributaires se prescrit par cinq
ans de possession, pourvu que le possesseur cultive la terre.

106 — On ne prescrit pas un droit réel contre son propre
titre ou celui de ses auteurs ; ainsi le fermier, l'usufruitier, le
dépositaire, l'emprunteur ou leurs héritiers ne peuvent pres-
crire.

107 — Nonobstant les restrictions ci-dessus, le créancier
hypothécaire de bonne foi peut opposer la possession, pendant
cinq ans, du débiteur qui a constitué l'hypothèque, s'il prouve
qu'il a eu de justes raisons de le croire propriétaire.

108 — On ne peut renoncer d'avance à la prescription.
Toute personne, maîtresse de ses droits, peut renoncer à une
prescription acquise.

109 — Lorsque la prescription est interrompue, la possession antérieure à l'interruption n'est pas comptée.

110 — La prescription est interrompue quand le prescri-
vant a perdu la possession, même par le fait d'un tiers.

111 — Il en est de même si le propriétaire a revendiqué
son droit par une citation en justice, ou un commandement
régulier en la forme, bien qu'il n'ait pas donné suite à la procédure, pourvu qu'il n'ait pas laissé périmer l'instance.

112 — La prescription ne court jamais entre mandant et
mandataire pour tout ce qui est compris dans le mandat.

113 — La prescription acquisitive, en matière immobilière,
ne court pas contre ceux qui sont légalement incapables.

114 — Aucune autre prescription de plus de cinq années ne court contre ces mêmes incapables.

115 — La prescription est de trois années contre le propriétaire de la chose volée ou perdue.

116 — Toutefois, celui qui a acheté de bonne foi la chose volée ou perdue d'un marchand qui en faisait commerce, ou dans un marché public, a le droit de réclamer au propriétaire revendiquant le prix qu'il a payé.

CHAPITRE VI

De la perte de la propriété et des droits réels

117 — Nul ne perd sa propriété sans sa volonté, si ce n'est

1° Dans le cas où il vient d'être expliqué qu'elle est acquise à un tiers ;

2° Par suite d'expropriation à la requête des créanciers dans les cas et les formes prévus par la loi ;

3° Quand il y a lieu à expropriation pour cause d'utilité publique ;

118 — Les usufruitiers des terres tributaires ou données en *abadie* doivent, sans qu'il y ait eu de stipulation à cet égard dans le titre constitutif, laisser sans indemnité les terrains nécessaires aux routes, canaux, et en général à tous travaux de viabilité et d'utilité publique.

119 — Tous autres ayant un droit réel et les locataires ayant un bail authentique ou expulsés avant les délais du congé recevront une indemnité juste et préalable.

120 — Toutefois, les établissements de mainmorte qui n'ont pas le droit d'aliéner, recevront une indemnité en terrain. Il en sera de même des usufruitiers de biens tributaires ou *abadies* qui seraient expropriés de plus du quart des terrains entamés par l'expropriation.

121 — L'expropriation pour cause d'utilité publique sera ordonnée par un décret qui fixera provisoirement :

1° L'étendue des terrains nécessaires à l'établissement des travaux et à leurs accessoires indispensables ;

2° Dans les villes, les parcelles comprises en dehors des tracés, et qui ne permettraient pas de construire des maisons solides et salubres, et qui seront comprises dans l'expropriation.

122 — Le décret sera affiché à la *mudirie* de la province, au tribunal, sur les édifices sujets à l'expropriation, le tout dans les formes des affiches judiciaires, avec indication du lieu où sera déposé le plan des propriétés expropriées.

Il sera en outre publié par une insertion dans un journal.

123 — Le plan sera déposé pendant huit jours à la *mudirie* de la province, et il sera ouvert un procès-verbal pour recevoir les observations des intéressés.

124 — Ces observations seront transmises, et il en sera tenu compte conformément au règlement sur la matière.

125 — Le plan définitif et les offres faites par l'administration pour chaque parcelle seront notifiés aux intéressés qui seront connus ou se seront fait connaître. Ils seront en outre affichés dans les formes ci-dessus.

126 — Les propriétaires seront tenus, dans la huitaine, de faire connaître les usufruitiers, locataires ou tous ayants droit, sous peine d'être chargés exclusivement de les indemniser s'il y a lieu.

127 — A partir de ces affiches, l'administration aura le droit de signifier congé aux locataires, si le bail le permet.

128 — La perte qui résulterait de ces congés pour les propriétaires sera comprise dans l'indemnité.

129 — Faute par l'administration d'avoir traité à l'amiable, dans les six mois des dernières affiches, avec les intéressés, et d'avoir saisi le jury d'expropriation, les intéressés pourront requérir du tribunal la convocation du jury.

130 — Aucune contestation à l'occasion des propriétés expropriées ne pourra arrêter la procédure, sauf au tribunal à ordonner les mesures conservatoires à la requête de la partie la plus diligente au profit des prétendants droit.

131 — La citation devant le jury sera donnée à huit jours francs, sans délai de distance, aux frais de l'expropriant.

132 — Il sera statué par défaut définitivement et après examen, si les intéressés ne se présentent pas.

133 — Leur recours à raison de nullité ne pourra porter que sur le chiffre de l'indemnité.

134 — L'administration qui aura payé au propriétaire apparent ne pourra être recherchée.

135 — Le prix fixé par le jury sera payable au plus tard dans les trois mois de la décision, et, en tout cas, avant toute prise de possession.

136 — Les propriétaires contigus des parcelles restant seront sommés de déclarer, dans les huit jours, s'ils veulent acheter ces parcelles au prix offert par l'administration; faute de quoi leurs propriétés pourront sans nouveau décret être expropriées dans les formes ci-dessus, sur simple citation devant le jury.

137 — Le propriétaire urbain exproprié ne sera jamais obligé de conserver une parcelle restant, si ses constructions sont entamées.

138 — Chaque année le tribunal désignera soixante-douze jurés par province pour statuer sur les expropriations.

139 — Le jury de chaque session se composera de six jurés tirés au sort en audience du tribunal, et de quatre jurés supplémentaires qui n'auront voix que s'ils remplacent un titulaire absent.

140 — Ces jurés seront cités dans les mêmes formes que les intéressés et leurs noms notifiés aux parties quarante-huit heures avant l'audience.

141 — La sentence sera rendue conformément à l'appréciation du jury par un magistrat assisté de son greffier.

142 — Le jury statuera sur les explications des parties ou de leurs mandataires et sans procédure.

143 — Les décisions ne seront pas sujettes à opposition ni appel.

Titre II

DES OBLIGATIONS

CHAPITRE Ier

Des obligations en général

144 — L'obligation est un devoir que la loi sanctionne et qui a pour objet de procurer un bénéfice à une personne en contraignant l'obligé à faire une chose déterminée ou à s'en abstenir.

145 — L'obligation qui consiste à donner une chose transfère de plein droit la propriété quand il s'agit d'un corps certain dont l'obligé est propriétaire.

146 — L'obligation de constituer un droit réel transfère également ce droit sauf le droit de privilège, d'hypothèques ou de rétention.

147 — Les obligations naissent d'une convention ou d'un fait.

148 — L'obligation n'existe que si elle a une cause certaine et licite.

149 — L'objet de l'obligation doit, à peine de nullité, être une action licite et possible, et, s'il s'agit d'une obligation de donner, la chose doit être dans le commerce, elle doit être déterminée au moins quant à son espèce, et sa qualité doit pouvoir être précisée d'après les circonstances.

150 — Lorsqu'une obligation est alternative, l'option appartient au débiteur à moins d'une disposition spéciale de la loi ou de la convention.

151 — Si un des deux ou plusieurs modes d'exécution devient impossible, l'obligation existe en ce qui concerne le mode possible d'exécution.

152 — Si l'obligation déterminée a été édictée ou convenue à titre de peine en cas d'inexécution d'une autre obligation, le créancier a l'option entre l'exécution de l'obligation principale ou de l'obligation pénale ; mais le débiteur peut toujours faire cesser cette option en exécutant l'obligation principale dans tous ses termes, à moins que la peine ne soit prononcée pour simple retard.

153 — Quand l'option appartient au créancier et qu'un des modes d'exécution est devenu impossible par la faute du débiteur, le créancier peut opter entre le mode d'exécution possible ou l'indemnité résultant de l'impossibilité d'exécution de l'autre mode.

154 — Il conserve son droit d'option entre les deux indemnités dues pour inexécution, si les deux modes d'exécution sont devenus impossibles par la faute du débiteur.

155 — Lorsque l'obligation est à terme, le débiteur peut exécuter avant le terme, si le but de la loi ou de la convention ne s'y oppose pas.

156 — L'objet de l'obligation à terme est dû immédiatement si le débiteur tombe en faillite, ou s'il a diminué par son fait des garanties qui assuraient l'exécution.

157 — L'obligation peut dépendre d'un événement futur ou incertain qui la fera naître ou la conservera, ou qui l'empêchera de naître ou l'éteindra.

158 — Si l'événement prévu est ou devient certain et que la condition soit résolutoire, l'obligation sera nulle ou annulée ; si, dans ce cas, la condition est suspensive, elle sera considérée comme non avenue.

159 — Lorsque la condition sera accomplie, l'obligation et les droits qui en découlent seront censés avoir existé ou été nuls depuis le moment où l'événement a été prévu.

160 — Toutefois si l'exécution est devenue impossible avant l'accomplissement de l'événement qui devait faire naître l'obligation, cet événement ne produira aucun effet.

161 — Les créanciers sont solidaires quand la convention qui a créé l'obligation leur donne mandat réciproque pour recevoir; on suit dans ce cas les règles du mandat.

162 — Les débiteurs ne sont obligés chacun pour la totalité de la dette que dans les cas où la solidarité est stipulée par la convention ou prononcée par la loi.

163 — Les débiteurs sont dans ce cas réputés cautions réciproques les uns des autres et mandataires réciproques pour payer.

164 — On applique en ce cas les règles du contrat de cautionnement et de mandat.

165 — Le créancier peut poursuivre simultanément ou séparément les débiteurs solidaires, sauf le cas où quelques-uns d'entre eux seraient débiteurs à terme ou sous condition.

166 — La mise en demeure et la poursuite contre un seul débiteur solidaire produit effet contre tous les autres.

167 — Aucun des débiteurs solidaires ne peut par son fait augmenter l'obligation des autres.

168 — Chacun conserve le droit d'opposer les exceptions qui lui sont personnelles et celles qui sont communes à tous.

169 — Un débiteur solidaire ne peut opposer la compensation acquise à un des autres codébiteurs. Il ne peut opposer la confusion que pour la part du codébiteur sur la tête de qui la confusion a eu lieu.

170 — Il ne peut opposer la remise de la dette que pour la part de celui à qui la remise a été faite, à moins que la remise ne soit absolue, ce qui ne se présume pas.

171 — Le codébiteur solidaire qui a payé ou compensé, a un recours contre chacun des autres pour leur part. La part des insolvables se répartit sur chacun des débiteurs solvables.

172 — Lorsque l'exécution d'une obligation ne peut se diviser, soit par la nature des choses, soit relativement au but qu'on se propose, chacun des obligés est tenu pour le tout, sauf son recours contre ses coobligés.

173 — Lorsque le débiteur se refuse de faire intégralement ce à quoi il est obligé, le créancier a le choix ou de demander la résolution du contrat avec des dommages-intérêts, ou de demander des dommages-intérêts pour ce qui n'a pas été exécuté.

174 — Néanmoins le créancier peut, si les circonstances le permettent, se faire autoriser par justice à faire aux frais du débiteur ce qu'il était obligé d'exécuter, ou à détruire ce qui a été fait contrairement à l'engagement.

175 — Il peut se faire mettre en possession du corps certain qui devait être donné quand ce corps certain a été, soit au moment de la naissance de l'obligation, soit depuis, la propriété du débiteur, et qu'aucun tiers n'a acquis de droit réel sur lui.

176 — La résolution d'un contrat translatif de propriété immobilière ne préjudicie pas aux droits des créanciers hypothécaires inscrits.

177 — Les dommages-intérêts pour défaut d'exécution entière ou partielle ou pour retard dans l'exécution ne sont dus, en dehors des restitutions, que si l'inexécution ou le retard est imputable à la faute du débiteur.

178 — Il ne sont pas dus tant que le débiteur n'est pas en demeure.

179 — Ils consistent dans le montant de la perte faite par le créancier et du gain qu'il a manqué de faire, pourvu que le préjudice éprouvé soit la conséquence immédiate et directe de l'inexécution.

180 — Toutefois, s'il n'y a pas dol de la part du débiteur, les dommages-intérêts ne sont que de ce qui a pu être raisonnablement prévu au moment du contrat.

181 — Lorsque le montant de l'indemnité en cas d'inexécution a été prévu par le contrat ou par la loi, le juge ne peut accorder une somme moindre ou plus forte.

182 — Quand l'objet de l'obligation consiste en une somme d'argent, les intérêts sont dus, mais seulement du jour de la

demande en justice, si la convention, l'usage commercial ou la
loi, dans des cas particuliers, n'y a dérogé

183 — Le taux de l'intérêt sera déterminé par le juge en
matière civile d'après le cours de l'argent ; il ne pourra jamais
être supérieur à 12 p. 0/0.

184 — Il sera toujours de 12 p. 0/0 en matière commerciale.

185 — L'intérêt conventionnel ne pourra jamais être supérieur à 12 p. 0/0.

186 — L'intérêt ne pourra jamais être perçu ni demandé
sur des intérêts de moins d'un an.

187 — Toutefois le taux de l'intérêt commercial en compte
courant pourra varier suivant le taux de la place, et la capita-
lisation se fera dans ces comptes courants suivant les usages
du commerce.

CHAPITRE II

Obligations conventionnelles

188 — Aucune convention ne peut donner lieu à l'obligation
qui en est le but, si la partie qui s'oblige n'est pas capable de
contracter, et n'a pas donné un consentement éclairé.

189 — La capacité peut être relative à certains actes ou
absolue.

190 — La capacité relative ou absolue est réglée par la loi
de la nationalité à laquelle appartient la personne qui contracte.

191 — La nullité d'une convention résulte de l'incapacité,
même s'il n'y a pas lésion. Les incapables qui ont fait annuler
une obligation à raison de leur incapacité ne sont obligés à tenir
compte que du profit qu'ils ont retiré de l'exécution par le
contractant capable.

192 — Les personnes capables ne peuvent opposer la nullité aux personnes incapables avec qui elles ont contracté.

193 — Le consentement n'est pas valable s'il a été donné par erreur, obtenu par la violence ou par suite de dol.

194 — L'erreur opère la nullité du consentement quand elle porte sur le rapport principal sous lequel la chose a été envisagée dans le contrat.

195 — La violence, pour être cause de nullité, doit être assez grave pour faire impression sur une personne raisonnable, étant tenu compte de l'âge, du sexe et de la condition du contractant.

196 — Le dol vicie le consentement quand les manœuvres pratiquées contre la partie sont telles que sans ces manœuvres elle n'aurait pas consenti.

197 — La maladie, l'ivresse ou toute autre circonstance accidentelle peuvent être considérées par les tribunaux comme invalidant le consentement.

198 — Celui qui peut prouver le défaut de consentement a le droit d'opter pour l'exécution du contrat ou la demande en annulation

199 — La nullité d'un contrat translatif de propriété ne préjudicie pas aux droits des créanciers hypothécaires inscrits quand ils sont de bonne foi.

200 — Lorsqu'une personne a stipulé pour un tiers sans mandat, ce tiers a le choix de confirmer le contrat ou de refuser de le reconnaître.

201 — Les conventions, quel que soit le sens littéral des termes employés, doivent être interprétées d'après le but que paraissent s'être proposé les parties et la nature du contrat, et aussi d'après l'usage.

202 — Il en est de même de la portée des conditions auxquelles est soumis le maintien ou la confirmation des obligations.

203 — Le doute s'interprète au profit de celui qui s'oblige.

204 — Les conventions ne peuvent profiter aux tiers, et ce n'est aux créanciers du contractant, qui peuvent, en vertu du droit général qu'ils ont sur les biens de leur débiteur, exercer, au nom de ce débiteur, les actions qui résultent pour lui des contrats ou de toute autre source d'obligation, sauf les actions purement personnelles.

205 — Les conventions ne peuvent nuire aux tiers, auxquels elles ne sont opposables que si elles ont acquis date certaine.

206 — Les créanciers ont dans tous les cas le droit de faire annuler les actes faits en fraude de leur droits, et les donations et renonciations consenties à leur préjudice.

CHAPITRE III

Obligations résultant du fait

207 — Le fait d'une personne qui a procuré intentionnellement un bénéfice à une autre personne, oblige cette dernière à tenir compte des dépenses et pertes subies par la première jusqu'à concurrence du profit obtenu.

208 — Celui qui a reçu ce qui ne lui était pas dû est obligé à le restituer.

209. — Il est responsable de la perte et des intérêts et des fruits s'il a reçu de mauvaise foi.

210 — Néanmoins, si le payement volontaire a eu lieu en vertu d'un devoir même non sanctionné par la loi, la restitution n'est pas due.

211 — La restitution n'est pas due si un tiers a payé par erreur au créancier de bonne foi la dette d'un autre, et que le titre ait été détruit, sauf recours contre le véritable débiteur.

212 — Les obligations provenant d'un fait dans les circonstances ci-dessus ne sont pas solidaires.

213 — Sont solidaires celles qui prennent leur source dans les circonstances qui vont être énumérées.

214 — Tout fait poursuivi par la loi oblige son auteur à réparer le préjudice qui en résulte, sauf le cas où cet auteur, à raison de son âge ou pour tout autre motif, n'a pas conscience de ses actes.

215—Il en est de même si le préjudice causé à un tiers provient d'une faute, de négligence, d'imprudence ou de défaut de surveillance des personnes que l'on a sous sa garde.

216 — Le maître est également responsable du dommage causé par ses serviteurs quand ce dommage a été causé par eux en exerçant leurs fonctions.

217 — Le propriétaire d'un animal est également responsable du préjudice causé par l'animal qu'il a sous sa garde ou qu'il a laissé s'échapper.

218 — Celui qui, pouvant empêcher un préjudice sans compromettre sa fortune ou sa santé, a refusé ou négligé de l'empêcher ou de fournir des moyens de l'empêcher, est responsable de ce préjudice.

CHAPITRE IV

Des obligations résultant de la loi

219 — Les obligations qui résultent uniquement d'une disposition spéciale de la loi ne sont pas solidaires si la solidarité n'a pas été formellement édictée.

220 — Les descendants et alliés au même degré, tant que l'alliance dure, doivent des aliments à leurs ascendants ou alliés au même degré.

221 — Il en est de même des ascendants à l'égard de leurs descendants ou alliés au même degré, et des époux entre eux.

222 — Les aliments sont calculés eu égard aux besoins du créancier et aux ressources du débiteur.

223 — Ils sont toujours payables par mois et d'avance.

CHAPITRE V

Extinction des obligations

224 — Les obligations s'éteignent par :
L'exécution,
La résolution,
La remise,
La novation,
La compensation,
La confusion
Et la prescription.

SECTION I — De l'Exécution

225 — L'exécution ne peut être remplie que par le débiteur, lorsqu'il résulte de la nature de l'obligation que le créancier a intérêt à ce qu'il en soit ainsi.

226 — Lorsque l'exécution consiste dans un payement il peut toujours être fait par un tiers, même malgré le débiteur ou le créancier.

227 — Le payement fait par un tiers lui donne droit de recourir contre le débiteur à raison du profit obtenu par ce dernier, jusqu'à concurrence des déboursés.

228 — Il a pour sûreté de cette nouvelle créance les mêmes garanties qui existaient au profit de l'obligation éteinte dans les cas suivants seulement :
1° Quand le créancier, au moment du payement, a consenti à lui transmettre ces garanties par acte authentique ;
2° Quand le tiers était tenu à la dette avec le débiteur ou pour lui ;
3° Quand ce tiers a payé un créancier ayant privilége ou hypothèque avant lui ou que, acquéreur d'un immeuble, il emploie son prix à payer les créanciers hypothécaires sur cet immeuble ;
4° Quand la loi accorde spécialement la subrogation.

229 — Le débiteur malgré lequel le payement a eu lieu, a le droit de repousser en tout ou partie le recours de celui qui

a payé pour lui, s'il démontre qu'il avait un intérêt quelconque
à s'opposer au payement.

230 — Le débiteur peut aussi, sans le concours du créancier, transférer les mêmes garanties au profit de celui qui fournit
la chose destinée au payement, pourvu que l'emprunt et l'emploi
soient constatés par acte authentique.

231 — Pour la validité du payement, le débiteur doit être
capable d'aliéner et le créancier capable de recevoir.

232 — Toutefois le payement d'une chose due, qui ne nuit
pas à l'incapable qui l'a fait, éteint l'obligation.

233 — L'exécution doit avoir lieu au profit du créancier,
de son mandataire à cet effet, ou du possesseur du droit à l'obligation.

234 — L'exécution doit être celle qui a été prévue par les
parties, et remplie à l'époque et dans le lieu stipulé ; elle ne peut
être partielle, sauf aux juges à autoriser, dans des circonstances
exceptionnelles, des termes ou un délai modéré, s'il n'y a pas
préjudice grave pour le créancier.

235 — Le lieu du payement est celui où se trouve le corps
certain qui doit être livré, s'il n'y a pas stipulation contraire.

236 — S'il s'agit de numéraire ou de choses désignées
quant à l'espèce, le payement est supposé stipulé devoir être
fait au domicile du débiteur.

237 — Les frais de l'exécution sont à la charge du débiteur.

238 — Les payements s'imputent sur la dette que le débiteur désigne ou, s'il n'a rien dit, sur celle qu'il a le plus d'intérêt à acquitter.

239 — L'imputation se fait en commençant par les frais,
intérêts et arrérages avant le capital.

240 — Celui qui s'est obligé de faire une chose, ne se libère
pas de plein droit en offrant de la faire, mais il a un recours
contre le créancier pour le dommage que lui cause son refus
au moment de l'offre.

241 — Toutefois, lorsqu'il s'agit de l'exécution qui consiste en un payement ou une livraison de meubles, le débiteur se libère en faisant des offres conformément aux règles du Code de procédure.

242 — Il se libère de l'obligation de délivrer un immeuble en faisant nommer un séquestre judiciaire par une sentence contradictoire ou à laquelle le créancier a été appelé.

SECTION II — Résolution des obligations

243 — Les obligations sont éteintes par résolution, quand depuis qu'elles sont nées l'exécution en est devenue impossible.

244 — Si l'exécution est devenue impossible par la faute du débiteur, ou si l'impossibilité est survenue depuis qu'il est en demeure d'exécuter, il est tenu à des dommages-intérêts.

245 — Lorsqu'une obligation est résolue par suite d'impossibilité d'exécution, les obligations corrélatives sont également résolues, sauf les indemnités respectives, s'il y a lieu, à raison du profit acquis sans cause et sans préjudice des droits des créanciers hypothécaires de bonne foi.

SECTION III — De la remise de l'obligation

246 — L'obligation est éteinte par la remise volontaire qu'en fait le créancier capable de faire une libéralité.

247 — La remise faite au débiteur libère les cautions.

248 — La remise faite à un des codébiteurs solidaires est censée faite pour sa part, et éteint la dette pour cette part seulement.

249 — Les autres codébiteurs ne peuvent recourir contre celui à qui la remise a été faite que pour sa contribution à la part des insolvables, s'il y a lieu.

250 — La remise faite à la caution est censée faite de son cautionnement.

251 — Si le cautionnement consenti par celui à qui la remise a été faite n'est pas postérieur à celui des autres cautions, il subit le recours que celles-ci peuvent avoir à exercer contre lui.

SECTION IV — De la Novation

752 — La novation éteint l'obligation et en produit une nouvelle qui la remplace.

753 — Elle résulte d'un contrat.

754 — Il y a novation :

1° Quand le créancier et le débiteur conviennent de substituer une obligation à l'ancienne qui est éteinte, ou de changer la cause de l'obligation primitive ;

2° Quand le créancier et un tiers conviennent que ce dernier deviendra débiteur au lieu de l'ancien qui est libéré, sans qu'il soit besoin de son consentement, ou lorsque le débiteur a fait accepter par le créancier un tiers consentant à payer en son lieu et place;

3° Quand le créancier et le débiteur sont d'accord pour que ce dernier exécute l'obligation au profit d'un tiers qui y consent.

755 — La nouvelle dette ne jouit pas des garanties qui assuraient l'exécution de l'ancienne, sauf l'effet de l'intention des parties résultant de la convention ou des circonstances.

756 — La convention ne peut avoir toutefois que les effets suivants :
Dans le premier cas prévu ci-dessus, le débiteur et le créancier peuvent convenir que les garanties réelles, telles que priviléges, hypothèques, droit de rétention seront transférés à la nouvelle obligation, pourvu que cette dernière ne soit point aggravée au préjudice des tiers.
Dans le deuxième cas, le créancier et le tiers peuvent convenir que les garanties réelles seront maintenues, même sans le consentement du débiteur primitif.
Dans le troisième cas, les trois parties contractantes peuvent faire la même convention.

757 — Dans aucun de ces cas, les garanties personnelles, telles que le cautionnement ou la solidarité, ne seront transférées que du consentement des codébiteurs et des cautions.

758 — La convention qui transfère ces garanties ne peut

avoir d'effet à l'égard des tiers que si elle est faite en même
temps que la novation et par acte authentique.

SECTION V — De la Compensation

259 — La compensation est une espèce de payement qui
se fait, de plein droit, à l'insu des parties, quand elles sont
réciproquement créancières et débitrices l'une de l'autre.

260 — La compensation s'effectue jusqu'à concurrence de
la dette la moins forte.

261 — Elle n'a lieu que si les deux obligations sont liquides,
exigibles, et pour une somme d'argent, ou toutes autres choses
de même nature se remplaçant l'une par l'autre, en égard à
leur espèce et à leur valeur, et payables dans le même lieu.

262 — Il n'y a pas lieu à compensation quand l'une des
dettes est insaisissable, ou a pour cause un dépôt d'argent ou
de choses qui peuvent se remplacer.

263 — L'imputation se fait, en cas de compensation, comme
en matière de payement.

264 — Le débiteur qui a accepté la cession d'une créance
compensée ne peut plus opposer la compensation aux ces-
sionnaires; il peut seulement exercer son ancienne créance contre
le cédant.

265 — Lorsque le créancier a payé une dette à laquelle il
aurait pu opposer la compensation, les cautions, les codébiteurs solidaires, les créanciers privilégiés ou hypothécaires pri-
més par la créance, et le tiers propriétaire du gage qui la ga-
rantissait, peuvent toujours invoquer la compensation, à moins
que le créancier n'ait eu, en payant sa dette, une juste cause
d'ignorer l'existence de la créance qu'il pouvait opposer en compensation.

266 — Une saisie-arrêt, ou la signification d'un transport,
empêche la compensation qui n'aurait pu se produire que posté-
rieurement à la signification.

267 — Le débiteur principal ne peut opposer la compensation avec ce qui est dû à cette caution.

268 — Le codébiteur solidaire ne peut opposer la compensation avec ce qui est dû à ses codébiteurs, si ce n'est pour la part de ces derniers.

SECTION VI — De la Confusion

269 — La confusion est la réunion, dans la même personne, des deux qualités de débiteur principal et de créancier, de la même dette, qui se détruisent réciproquement.

270 — Elle libère les cautions, mais elle ne libère les codébiteurs solidaires que pour la part contributive de celui sur la tête duquel a eu lieu la confusion.

SECTION VII — De la Prescription

271 — La prescription pendant le temps fixé par la loi éteint l'obligation, et fait présumer la libération, lorsque le débiteur l'invoque.

272 — Les règles établies pour la prescription acquisitive en ce qui concerne les causes d'interruption et de suspension, sont applicables à la prescription libératoire des obligations.

273 — La prescription libératoire peut être invoquée par les autres créanciers du débiteur, même quand il y a renoncé en fraude de leurs droits.

274 — La renonciation du codébiteur solidaire, ou du débiteur principal ne nuisent pas aux autres codébiteurs et à la caution qui ont prescrit pour leur propre compte.

275 — Les obligations, sauf les exceptions ci-après, et, celles qui sont spécifiées par la loi dans les cas particuliers, ne prescrivent pas quinze ans.

276 — Les sommes dues aux médecins pour honoraires, aux marchands pour fournitures faites aux particuliers, aux instituteurs et professeurs pour les sommes dues par leurs élèves, aux domestiques pour leurs gages, se prescrivent par trois cent soixante jours, encore que de nouvelles dettes aient pris naissance pour les mêmes causes pendant ces trois cent soixante jours.

277 — Les sommes dues aux huissiers et greffiers pour frais d'actes se prescrivent également par trois cent soixante jours à partir de la fin de la procédure dans laquelle ces actes ont été faits, ou de leur confection, si aucune procédure n'était commencée.

278 — Les redevances, arrérages, pensions, loyers et intérêts, et, en général, tout ce qui est payable par années ou par termes moins longs, se prescrivent par cinq années calculées d'après les calendriers arabes.

279 — Dans le cas où la prescription est de trois cent soixante jours ou au-dessous, et, dans les cas prévus au Code de commerce en matière d'effets de commerce, celui qui invoquera la prescription ne sera libéré que s'il prête serment qu'il s'est effectivement libéré.

280 — Les veuves et héritiers et leurs tuteurs prêteront serment qu'ils ne savent pas que la chose est due.

CHAPITRE VI

De la preuve des obligations et de la libération

281 — La preuve de l'obligation doit être faite par le créancier.

282 — La preuve de la libération doit être faite par le débiteur.

283 — Dans toutes matières autres que les matières commerciales et quand il s'agira de sommes ou valeurs supérieures à mille P. T. ou indéterminées, les parties qui n'auront pas été empêchées par les circonstances de se procurer un écrit constatant l'obligation ou la libération ne seront pas admises à en faire la preuve par témoins ou par présomption.

284 — Elles ne pourront que provoquer l'aveu de l'adversaire par un interrogatoire dans les formes prescrites au Code de procédure ou en leur déférant le serment.

5

285 — La preuve testimoniale ou par moyen des présomptions sera cependant admise lorsque l'obligation ou la libération sera rendue vraisemblable, par un écrit émané de la partie.

286. — Il en sera de même quand il y aura preuve formelle de la perte du titre par cas fortuit.

287 — La preuve de la libération résulte de la remise, au débiteur, du titre en original ou expédition exécutoire.

288 — Le créancier est toutefois autorisé à prouver par témoins que le titre est, pour un tout autre motif, entre les mains du débiteur.

289 — Le commencement d'exécution peut, suivant les circonstances, autoriser le juge à ordonner la preuve par témoins ou présomptions.

290 — Le payement des intérêts et arrérages autorise à prouver, autrement que par écrit, l'existence de l'obligation principale.

291 — Dans le cas où l'écrit ne paraît pas suffisamment faire preuve, le juge peut déférer le serment au créancier pour établir sa créance, ou au débiteur pour prouver sa libération.

292 — Les parties peuvent réciproquement se déférer le serment, auquel cas le serment peut être référé par la partie à qui il a été déféré.

293 — La délation du serment par la partie suppose la renonciation à toute autre espèce de preuve.

294 — Les écrits, quand ils sont authentiques, c'est-à-dire passés devant des officiers compétents, font preuve contre toute personne jusqu'à inscription de faux des constatations faites par l'officier rédacteur.

295 — Les écrits sous seing privé font la même preuve entre les parties, tant que l'écriture ou la signature n'en est pas déniée.

296 — Ils ne font cette preuve, à l'égard des tiers, que s'ils ont date certaine.

297 — La date certaine résulte de leur insertion dans un registre public, en entier, ou par extrait si l'insertion est mentionnée sur l'écrit, ou du fait qu'ils portent l'écriture ou la signature reconnue d'une personne décédée, ou d'un visa apposé par un officier public compétent ou par un magistrat.

298 — La mention de la libération mise sur le titre, bien que non signée du créancier, fait preuve contre lui.

299 — La valeur probante des copies de titres autres que les expéditions exécutoires ou premières expéditions, quand ces copies seront faites par des officiers publics, sera appréciée par le juge si l'original n'est pas représenté ; ces copies vaudront au moins un commencement de preuve par écrit.

300 — Les jugements passés en force de chose jugée font foi des droits qu'ils consacrent, sans qu'aucune preuve contraire puisse être admise, pourvu qu'il s'agisse entre les mêmes parties d'obligations ou droits ayant le même objet et la même cause, et que ces parties agissent dans les mêmes qualités.

301 — L'aveu fourni ou provoqué en justice ne peut être divisé contre celui qui l'a fait.

302 — En matière commerciale, les achats, ventes, et tous autres contrats pourront être constatés par tous les moyens de preuve, y compris les témoignages et les présomptions.

Titre III

DES DIFFÉRENTS CONTRATS DÉTERMINÉS

CHAPITRE Ier

De la vente

SECTION I — De la vente en général

303 — La vente est un contrat par lequel une des parties s'oblige à transmettre à l'autre la propriété et la disposition d'une chose, en même temps que l'autre s'oblige à payer à la première le prix qui représente la valeur donnée par les contractants à la chose vendue.

304 — La vente n'est parfaite que s'il y a consentement simultané des deux parties, l'une pour vendre, l'autre pour acheter, et qu'elles sont d'accord sur la chose et sur le prix.

305 — Elle peut être faite par écrit, par acte authentique ou sous seing privé.

306 — Elle peut être faite verbalement et par signes, sauf, en cas de dénégation, à appliquer les règles tracées par la loi en matière de preuves.

307 — La vente peut être faite purement et simplement, ou à terme, ou sous condition.

La condition peut être suspensive ou résolutoire.

308 — La vente peut être faite en bloc, ou à la mesure, ou à l'essai.

309 — Elle peut avoir pour objet deux ou plusieurs choses alternatives, au choix du vendeur et de l'acheteur.

310 — Lorsque l'acte de vente est muet sur les termes de payement du prix ou sur les conditions, la vente est présumée faite au comptant et sans conditions, sauf les cas où l'usage du pays, ou l'usage général du commerce fait supposer un délai ou des conditions tacites.

SECTION II — Des parties contractantes

311 — Le vendeur et l'acheteur doivent avoir la capacité légale de s'obliger.

312 — Le vendeur doit avoir la capacité légale d'aliéner la chose qui fait l'objet de la vente.

313 — Le consentement des parties doit être libre et éclairé.

314 — L'acheteur doit avoir une connaissance suffisante de la chose vendue, soit par lui-même, soit par un tiers chargé par lui de la voir.

315 — Lorsque, dans une vente en bloc, l'acheteur n'a vu qu'une partie de la chose vendue, et qu'il apparaît qu'il ne l'aurait pas achetée s'il l'eût vue en entier, il ne pourra que faire prononcer la résolution de la vente, sans pouvoir demander sa division ou une diminution du prix.
Ce droit cessera s'il a disposé de la chose par hypothèque ou autrement.

316 — La mention dans un acte de vente que l'acheteur connaît la chose vendue lui fait perdre le droit d'attaquer la vente pour défaut de connaissance de la chose vendue, à moins qu'il ne prouve la fraude du vendeur.

317 — La vente des choses que l'acheteur n'a pas vues, ou fait voir, n'est valable que si l'acte de vente contient la désignation de l'objet vendu et de ses qualités principales de façon à permettre une vérification.

318 — La vente faite à un aveugle est valable, quand il a

pu se rendre compte autrement que par la vue de la chose
vendue ou qu'il l'a fait voir par un tiers en qui il a confiance.

319 — La vente faite par une personne dans sa dernière
maladie à un de ses héritiers n'est valable que si les héritiers
la confirment.

320 — Si, dans les mêmes circonstances, la vente est faite à
une personne non héritière, elle ne sera inattaquable que si
l'objet vendu ne dépasse pas en valeur le tiers des biens du
vendeur.

321 — Si la valeur de l'objet vendu dépasse le tiers des
biens qu'avait le défunt au moment de la vente, l'acheteur sera
obligé, sur la demande des héritiers, ou à résilier la vente, ou,
s'il le préfère, à payer à la succession ce qui lui manque pour at-
teindre la valeur des deux tiers des biens du défunt au moment
de la vente.

322 — Les dispositions des deux articles qui précèdent ne
sont applicables qu'au vendeur dont la capacité personnelle est
régie par la loi locale.

Elles ne peuvent avoir effet, en tous cas, au préjudice des
tiers créanciers hypothécaires ou acquéreurs à titre onéreux de
bonne foi.

323 — Les magistrats, greffiers, huissiers et avocats ne
pourront acheter, ni par eux-mêmes ni par personne interposée,
en tout ou en partie, des droits litigieux qui sont de la compétence des tribunaux dans le ressort duquel ils exercent leurs
fonctions, et ce, à peine de nullité de la vente.

La vente en ce cas est radicalement nulle et la nullité devra
être prononcée à la demande de toute personne ayant intérêt, et
même d'office.

324 — Les mandataires légaux comme tuteurs ou curateurs,
ni les mandataires conventionnels, ne peuvent acheter le bien
qu'ils sont chargés de vendre en cette qualité.

La vente pourra, dans ce cas, être ratifiée par celui pour le
compte duquel la vente a eu lieu, s'il a capacité d'aliéner au
moment de la ratification.

SECTION III — De l'objet de la vente

325 — Est nulle la vente des choses qui ne sont pas dans
le commerce ou des choses qui n'ont aucune valeur appréciable,

ou des choses qui, par leur nature, ne sont pas susceptibles
d'être livrées.

326 — L'objet de la vente peut être un corps certain ou un
droit indivis ou déterminé sur le corps certain.

Il peut être aussi une chose déterminée seulement quant à
son espèce.

327 — Dans ce dernier cas la vente n'est valable que si la
désignation de l'espèce s'applique à des choses qui peuvent se
remplacer l'une par l'autre, et si l'objet de la vente est suffisamment déterminé quant au nombre, à l'étendue, au poids
ou à la mesure pour motiver un consentement éclairé de la
part des deux parties.

328 — La chose vendue peut encore être un droit incorporel ou une créance contre un tiers.

329 — La vente des fruits d'un arbre, quand ils ne sont
pas poussés, ou d'une récolte qui n'est pas encore sortie de terre,
est nulle.

330 — Cependant la vente des fruits déjà poussés et d'une
récolte sortie de terre comprendra même la partie des fruits
poussés et de la récolte sortie de terre depuis la vente.

331 — La vente des droits à la succession d'une personne
vivante est nulle, même de son consentement.

332 — La vente d'un objet déterminé qui n'appartient pas
au vendeur est nulle.

Elle pourra toutefois devenir valable si le véritable propriétaire la confirme.

333 — Lorsque le vendeur aura vendu comme sienne une
chose qu'il saura ne pas lui appartenir et que l'acquéreur sera
de bonne foi, ce dernier pourra demander une indemnité.

334 — Si celui qui n'est pas propriétaire d'une chose déterminée s'est engagé à en faire transférer la propriété et la jouissance moyennant un prix fixé, le contrat est régi par les règles
générales des obligations conventionnelles.

SECTION IV — Des effets de la vente

335 — La vente légalement conclue a pour effet :
1° De transférer à l'acheteur par le fait seul du contrat et

par rapport aux contractants et à ceux qui les représentent comme héritiers ou créanciers, la propriété de la chose vendue qui est un objet, ou un droit déterminé, ou un droit incorporel et qui appartient au vendeur.

Elle transfère la propriété indivise si une part indivise de la chose a été seule vendue;

2° D'obliger le vendeur à délivrer la chose vendue et à en garantir la propriété paisible à l'acquéreur;

3° D'obliger l'acheteur au payement du prix.

Elle met aussi, suivant les cas, les risques de la chose vendue à la charge de l'acheteur.

§ 1 — Transfert de la propriété

336 — La propriété de la chose vendue, qui est un corps certain, est transférée à l'acquéreur, même si le contrat accorde un terme pour la livraison; dans ce cas, quand le vendeur tombe en faillite avant la livraison, l'acheteur a le droit de revendiquer la chose vendue.

337 — Dans la vente des choses déterminées seulement quant à l'espèce, la propriété n'est transférée que par la livraison.

338 — Dans les ventes sous condition la propriété est transférée immédiatement à l'acquéreur si l'événement prévu doit résoudre la vente.

Elle sera réputée avoir appartenu à l'acheteur depuis le contrat, si la condition jusqu'à la réalisation de laquelle la vente était suspendue vient à s'accomplir.

339 — Dans les deux cas de l'article précédent l'effet de la condition ignorée du créancier hypothécaire ne préjudiciera pas aux droits à lui conférés par le vendeur sous condition suspensive ou par l'acheteur sous condition résolutoire.

340 — A l'égard des tiers qui sont de bonne foi, qui ont un juste titre et qui ont conservé leurs droits dans les formes légales, la propriété n'est transmise, en ce qui concerne les immeubles, que par la transcription de l'acte de vente, ainsi que cela sera expliqué plus loin, et en ce qui concerne les créances par les formalités de signification ou d'acceptation qui seront expliquées au présent titre.

§ 2 — De la délivrance et de la garantie

1° DE LA DÉLIVRANCE

341 — La délivrance consiste dans la mise de la chose vendue à la disposition de l'acheteur, de façon à ce qu'il en puisse prendre possession et en jouir sans obstacle.

L'obligation de délivrer est remplie par la mise à la disposition de l'acheteur qui a connu la mise à sa disposition, quand même ce dernier n'aurait pas pris livraison.

342 — La délivrance s'opère conformément à la nature des choses vendues.

Ainsi la délivrance d'un immeuble peut avoir lieu par la remise des clefs, s'il s'agit d'une maison, et par la remise des titres, s'il s'agit d'un immeuble quelconque, lorsqu'aucun obstacle ne s'oppose du reste à la prise de possession.

À l'égard des meubles elle peut s'opérer par la tradition réelle ou la remise des clefs du magasin qui les contient.

Elle peut avoir lieu par la simple volonté des parties, quand l'acheteur détenait à un autre titre la chose vendue.

343 — La délivrance des droits incorporels se fait par la remise des titres ou par l'autorisation donnée par le vendeur à l'acheteur d'en faire usage, quand rien ne s'oppose à cet usage.

344 — La prise de possession sans l'autorisation du vendeur n'est pas valable, quand le prix échu n'a pas été payé; dans ce cas le vendeur a le droit de rentrer en possession.

Toutefois, si la chose vendue périt entre les mains de l'acheteur la perte sera pour son compte.

345 — La chose vendue doit, à moins de stipulation contraire, être délivrée au lieu où elle se trouvait au moment de la vente.

346 — Si la convention de vente indique comme lieu de la situation de la chose vendue un lieu autre que celui auquel elle se trouvait, cette indication vaudra, pour le vendeur, obligation de transporter la chose au lieu indiqué, si l'acheteur l'exige;

Dans le cas où le transport serait impossible, ou s'il amenait un retard préjudiciable pour l'acheteur, ce dernier aurait le droit de résilier la vente avec dommages-intérêts, si le vendeur n'était pas de bonne foi.

347 — La délivrance doit avoir lieu à l'époque fixée par le contrat; s'il n'a rien été convenu à cet égard, la livraison doit avoir lieu au moment de la vente, sauf les termes établis par l'usage.

348 — En cas de retard dans la livraison, après une mise en demeure, l'acheteur aura le droit de résilier la vente ou sa mise en possession, avec dommages-intérêts dans les deux cas, s'il y a préjudice et si le retard provient du fait du vendeur.

349 — Le vendeur a le droit de retenir la chose vendue jusqu'au payement du prix stipulé, payable comptant, en tout ou en partie, à moins qu'il n'ait accordé depuis la vente un terme non encore échu, et quand bien même l'acheteur offrirait un gage ou une caution.

350 — Le vendeur non payé du prix échu n'a pas le droit de reprendre la chose vendue qu'il a délivrée volontairement à l'acheteur, sauf le droit de faire résilier le contrat pour inexécution.

351 — Il ne peut refuser la délivrance quand il a donné une assignation sur l'acheteur, pour le montant de tout ou partie du prix.

352 — Si l'acheteur a diminué les sûretés par lui accordées pour le payement du prix, ou s'il est dans un état de déconfiture qui rende imminente la perte du prix pour le vendeur, ce dernier pourra retenir la chose vendue, même si le terme stipulé pour le payement n'est pas échu, à moins qu'il ne lui soit donné caution.

353 — En cas de faillite de l'acheteur, le droit de rétention ou de revendication s'exerce conformément aux règles du code de commerce.

354 — Les frais de délivrance, comme le transport au lieu de la livraison, les frais de mesurage et de pesage, etc., sont à la charge du vendeur.

355 — Les frais d'enlèvement et ceux de payement sont à la charge de l'acheteur
Il en est de même des frais d'acte ;
Sauf, dans tous ces cas, les usages du commerce.

356 — La délivrance doit comprendre la chose vendue et tout ce qui doit être considéré comme ses accessoires nécessaires, d'après la nature des choses et l'intention des parties

357 — Dans le silence des conventions, et sauf l'usage des lieux, on suivra les règles ci-après, dans les cas qui vont être déterminés.

358 — La vente d'une vache laitière comprend le veau qu'elle allaite.

359 — La vente d'un jardin comprend les arbres qui y sont plantés, mais elle ne comprend pas les fruits arrivés à maturité, ni les arbustes en pot ou en pépinière.

360 — La vente d'un terrain ne comprend pas les récoltes.

361 — La vente d'une maison comprend les choses fixées et attachées à cette maison et non les meubles qui peuvent être enlevés sans détérioration.
Il sera, au surplus, en cette matière, suivi l'usage du pays.

362 — Le vendeur doit livrer la quantité, le poids ou la contenance qui sont indiqués au contrat comme étant ceux de la chose vendue.

363 — Dans la vente en bloc des choses qui peuvent se remplacer, si la quantité est spécifiée, et le prix indiqué à tant l'unité, et que la quantité réelle soit inférieure, l'acheteur à le droit d'opter pour la résiliation de la vente ou pour son maintien en payant un prix diminué proportionnellement.

364 — S'il y a un excédant sur la mesure indiquée, cet excédant appartient au vendeur.

365 — Dans la vente des choses qui se comptent à la mesure ou au poids et qui ne peuvent se diviser sans préjudice, si cette vente a eu lieu avec indication d'une mesure exacte et du prix de l'unité de mesure, l'acheteur a le droit de résilier la vente ou de prendre la chose vendue en entier, en maintenant la vente et en payant un prix proportionnel à la mesure réelle.
Si, dans le même cas, le prix a été indiqué en bloc, l'acheteur a l'option ou de résilier la vente ou de prendre la chose vendue au prix stipulé.

366 — Dans les cas prévus par les articles précédents, la résiliation n'est permise à l'acheteur que si l'erreur est de plus d'un vingtième calculé sur le prix indiqué.

367 — Quand il y a lieu à résiliation, le vendeur doit res-

uer avec le prix, s'il l'a touché, les frais du contrat et les
dépenses légitimement faites par l'acheteur.

368 — La prise de possession de la chose vendue sans
réserves expresses de la part de l'acheteur, s'il connaît l'erreur
et la disposition de l'objet vendu par hypothèque ou autrement,
le fait déchoir du droit d'opter pour la résiliation.

369 — L'action en résiliation ou en diminution de prix,
ainsi que le droit du vendeur de demander un supplément de
prix, s'il y a lieu, se prescrivent par une année, à partir du
contrat.

370 — Si la chose vendue périt avant la livraison, même
sans la faute ou la négligence du vendeur, la vente sera résolue
et le prix restitué, s'il y a lieu, à moins que l'acheteur n'ait été
mis en demeure de prendre livraison par une sommation ou
tout autre acte équivalent ou par la convention même.

371 — Si la chose diminue de valeur par détérioration, de
telle sorte que la vente n'aurait pas eu lieu si cette diminution
était survenue avant le contrat, l'acheteur qui n'aura pas pris
livraison, aura le choix de résilier ou de maintenir la vente au
prix convenu, à moins qu'il n'ait consenti hypothèque.

372 — Si, dans les deux cas qui précèdent, la perte ou la
diminution de valeur est imputable à l'acheteur, le prix sera dû
en entier ; si elle est imputable au vendeur, il sera tenu à
indemnité si l'acheteur résilie la vente, et à diminution de prix,
s'il la maintient.

2° DE LA GARANTIE DE LA CHOSE VENDUE

I — De la garantie en cas de revendication d'un tiers

373 — Le vendeur doit, sans qu'il soit besoin de stipulation
expresse, garantir que l'acheteur ne sera pas troublé dans sa
jouissance par des tiers ayant sur la chose un droit réel existant à la date de la vente, s'il s'agit d'une chose que le vendeur
a aliénée comme sienne, ou de la livraison, s'il s'agit d'une
chose dont la propriété devait être transférée au moyen de la
livraison. La garantie existe encore si le droit réel des tiers
procède du vendeur, depuis la date ci-dessus.

374 — Le vendeur peut stipuler que la vente est faite sans garantie. Toutefois, cette stipulation faite en termes généraux le dispense seulement des dommages-intérêts et non de la restitution du prix, en cas d'éviction.

375 — Pour que le vendeur qui a stipulé la clause de non-garantie soit dispensé de restituer le prix, il faut qu'il soit prouvé que l'acheteur connaissait, lors de la vente, la cause de l'éviction, ou qu'il ait déclaré acheter la chose à ses risques et périls.

376 — La clause de non-garantie est nulle quand le droit du revendiquant procède du vendeur lui-même.

377 — Lorsqu'il y a lieu à garantie et qu'il y a éviction, le vendeur doit la restitution du prix et des dommages-intérêts.

378 — Ces dommages comprennent les frais de contrat et ceux qui en sont la conséquence, les dépenses faites par l'acheteur sur la chose vendue, les frais faits sur le procès en revendication et en demande en garantie, et en général les pertes éprouvées par l'acheteur ou les bénéfices légitimes dont l'éviction l'a privé.

379 — Le prix doit, en cas d'éviction, être restitué en entier, même si la chose a diminué de valeur depuis la vente, par quelque motif que ce soit.

380 — Si la chose a augmenté de valeur, l'augmentation de valeur au delà du prix doit être comprise dans les dommages-intérêts.

381 — Les dépenses que le vendeur doit rembourser, si celui qui évince n'y est pas tenu, sont les dépenses utiles faites sur la chose vendue.

382 — Si le vendeur est de mauvaise foi, il devra payer même les dépenses de luxe faites par l'acheteur.

383 — La loi assimile à l'éviction totale l'éviction d'une partie déterminée ou indivise de la chose vendue, ou la revendication justifiée d'un droit de servitude non déclarée ni apparente au moment de la vente et constituée avant le contrat, lorsque l'éviction partielle et la servitude sont de telle nature que l'acquéreur n'aurait pas acheté s'il les avait connues.

384 — Dans ce cas, toutefois, l'acheteur a le droit de maintenir le contrat, mais il ne peut résilier au préjudice des droits des créanciers hypothécaires.

385 — Quand il maintient le contrat, ou lorsque l'éviction partielle ou la servitude ne sont pas de telle nature qu'elles autorisent la résiliation, l'acheteur peut réclamer au vendeur la valeur proportionnelle de la partie de la chose dont il est évincé, eu égard à sa valeur réelle au moment de l'éviction; et dans le cas d'une servitude, des dommages-intérêts arbitrés par le tribunal.

II. — De la garantie des vices cachés de la chose vendue.

386 — Le vendeur est responsable des vices cachés de la chose vendue, lorsque ces vices sont de nature à diminuer la valeur sur laquelle l'acheteur devait compter, ou qu'ils rendent la chose impropre à l'usage auquel on la destine.

387 — Dans ce dernier cas, ou quand la diminution de valeur est telle que l'acheteur n'aurait pas acheté, s'il l'avait connue, ce dernier a le choix de résilier la vente sans préjudice des droits des créanciers hypothécaires, ou de demander une diminution du prix, le tout avec dommages-intérêts, qui ne sont dus que s'il est établi que le vendeur connaissait le vice caché.

388 — Si le vendeur ignorait le vice caché, l'acheteur aura simplement le choix de résoudre la vente et de réclamer la restitution des frais qu'elle a occasionnés, ou de conserver la chose au prix convenu.

389 — Dans les cas où l'acheteur a le droit de résilier, s'il s'agit d'une vente de plusieurs objets certains, et que le vice découvert avant la livraison n'affecte qu'un certain nombre de ces objets, l'acheteur ne peut résilier la vente que pour le tout.

390 — Si le vice est découvert après la livraison, l'acheteur peut résilier la vente pour les objets viciés seulement, pourvu que la division ne soit pas préjudiciable.

391 — S'il s'agit, dans les mêmes cas, de choses qui se remplacent l'une par l'autre, l'acheteur pourra, même après la livraison, résilier la vente pour partie.

392 — Si la diminution de valeur résultant du vice caché n'est pas telle qu'elle aurait empêché la vente, l'acheteur a droit simplement à une diminution proportionnelle du prix par estimation d'expert.

393 — La diminution proportionnelle du prix est calculée en appréciant la valeur réelle de la chose à l'état sain et la valeur réelle à l'état où elle est et en faisant application de la proportion de ces deux valeurs au prix convenu.

394 — Le vice apparent et celui que l'acheteur a réellement connu, ne donnent pas lieu à la garantie.

395 — Il n'y a pas garantie non plus, quand l'acheteur a stipulé qu'il ne serait pas garant des vices cachés, à moins, dans ce cas, qu'il soit établi qu'il les connaissait.

396 — Le vice doit être ancien pour donner lieu à la garantie.

397 — On entend par vice ancien celui qui existait au moment de la vente s'il s'agit d'un corps certain, et celui qui existait au moment de la livraison, s'il s'agit de choses non vendues comme corps certains.

398 — S'il survient, par cas fortuit, un vice nouveau après la vente dans le premier cas de l'article précédent, et après la livraison dans le second cas, ou si la chose livrée a été modifiée par l'acheteur ou par tout autre, l'acheteur n'a plus le droit de résilier la vente, à moins que le vice nouveau n'ait disparu ou que le vendeur ne déclare consentir à reprendre la chose avec le vice nouveau ; mais l'acheteur peut demander la diminution du prix, qui est calculée comme il est dit ci-dessus, sans tenir compte toutefois du vice nouveau ou de la modification survenue.

399 — Si la chose périt par suite du vice ancien, la perte est à la charge du vendeur, qui doit les restitutions et dédommagements indiqués plus haut, suivant les cas.

Si la chose affectée d'un vice ancien périt entièrement par suite du vice nouveau ou par cas fortuit, la perte est également au vendeur, pourvu que la preuve du vice ancien soit faite et que l'estimation de la diminution du prix soit possible dans les cas où il y aurait eu lieu à cette diminution.

400 — L'action en garantie résultant de l'existence des vices cachés doit être intentée dans la huitaine de la découverte du vice, à peine de déchéance.

401 — Tout acte de disposition de la chose vendue de la

part de l'acquéreur depuis la découverte du vice, entraîne la déchéance de l'action en garantie.

102 — Il sera pour les tares tenu compte des usages du commerce.

103 — L'action en garantie pour vice caché n'existe pas en matière de vente en justice, ni de vente administrative faite aux enchères en présence de l'objet vendu, ou lorsque l'objet vendu a pu être visité.

§ 3. — Du payement du prix.

104 — L'acheteur est obligé au payement du prix dans le délai, dans le lieu et dans les conditions convenues au contrat.

105 — A défaut de stipulation expresse, le prix est payable comptant, et au lieu de la délivrance.

106 — S'il est accordé un délai, le lieu du payement est le domicile de l'acheteur.

107 — Toutefois, en cette matière, il sera tenu compte des usages du pays et de ceux du commerce.

108 — Le prix ne produit intérêts, sauf stipulation, que s'il est exigible, et si l'acheteur a été mis en demeure de payer par une sommation.

109 — L'acheteur, à moins de stipulation contraire, peut retenir son prix, s'il est troublé dans sa possession en vertu d'un droit antérieur à la vente ou procédant du vendeur, et encore s'il y a pour lui danger d'éviction, jusqu'à ce que le trouble ou le danger ait disparu.

110 — Toutefois, le vendeur peut, dans ce cas, exiger son prix en donnant caution.

111 — Lorsque l'acheteur ne paye pas son prix au terme convenu, le vendeur a le choix ou de demander la résolution de la vente, sauf les droits des créanciers hypothécaires inscrits, ou de faire condamner l'acheteur au payement du prix.

112 — Le tribunal peut, pour des motifs graves, accorder un délai modéré à l'acheteur pour le payement de son prix, sauf à mettre la chose vendue sous séquestre, s'il y a lieu.

413 — Il ne pourra être accordé qu'un délai.

414 — Lorsqu'il est stipulé que la vente sera résolue de plein droit, le tribunal, faute de payement du prix, ne peut accorder un délai à l'acheteur, et la vente sera résolue si l'acheteur n'a pas payé le prix sur la sommation à lui faite, à moins que le contrat ne porte que la vente en ce cas sera résolue sans qu'il soit besoin de sommation.

415 — Dans ces divers cas, les effets de la résolution de la vente des immeubles à l'égard des tiers, ne préjudicient pas aux créanciers hypothécaires inscrits.

416 — En matière de vente de marchandises et d'effets mobiliers, quand un terme est convenu pour le payement du prix et pour la prise de livraison, la vente est résolue de plein droit, si le prix n'est pas payé aux termes fixés et sans qu'il soit besoin de sommation.

SECTION V — De l'annulation de la vente pour cause de lésion.

417 — La lésion de plus d'un cinquième en matière de vente immobilière ne donne lieu au profit du vendeur qu'à une action en supplément de prix et seulement au profit des vendeurs qui sont mineurs.

418 — Le droit d'exercer l'action à raison de la lésion cesse deux ans après la majorité ou le décès du vendeur, et ne préjudicie pas aux créanciers hypothécaires inscrits.

SECTION VI — De la vente à réméré

419 — Il faut distinguer deux sortes de vente à réméré :

1° Celle qui est faite pour donner à l'acheteur l'immeuble ou la chose vendue à réméré, en gage de la dette du vendeur;

2° Celle qui est vendue avec réserve pour le vendeur de reprendre la chose vendue en rétablissant les choses en leur état primitif, s'il vient à se repentir d'avoir vendu.

420 — Le contrat, dans le premier cas, sera régi par les règles spéciales au nantissement immobilier ou au gage.

421 — Dans le second cas, la vente à réméré sera régie par les règles suivantes :

Dans le doute, la présomption sera qu'il s'agit d'un nantissement si le prix est payé comptant ou compensé avec une dette antérieure, s'il est stipulé que le prix sera remboursable avec intérêts, ou si la chose reste dans la possession du vendeur à un titre quelconque, et qu'il s'agit d'une vente réelle dans le cas contraire. Toute preuve contraire sera admise sans qu'il soit tenu compte des termes de la convention.

422 — L'objet vendu devient, par le fait même de la vente, la propriété de l'acheteur sous condition de réméré.

C'est-à-dire que si le vendeur ne remplit pas les conditions stipulées pour la restitution de la chose, l'acheteur en reste propriétaire.

Si au contraire ces conditions sont remplies, la chose est censé n'avoir jamais cessé d'appartenir au vendeur, sauf les règles établies au titre de la transcription en ce qui concerne les droits des tiers en matière immobilière.

423 — Si la faculté de réméré n'a pas été stipulée par l'acte même de la vente, celui qui acquiert le droit de réméré n'est censé redevenu propriétaire que du jour où la stipulation de réméré est intervenue.

424 — Le vendeur ne peut stipuler un délai de plus de deux années à partir de la vente pour l'exercice du droit de réméré ; le délai est réduit à deux années s'il a été stipulé plus long.

425 — Le délai fixé est de rigueur et emporte déchéance de plein droit, sans que, dans aucun cas, même dans celui de force majeure, le tribunal puisse relever de cette déchéance.

426 — La prorogation du délai stipulé vaut revente conditionnelle du vendeur originaire par l'acheteur qui est censé avoir été propriétaire incommutable du jour de la vente primitive jusqu'au jour de la prorogation du délai.

427 — Le vendeur à réméré ne peut résoudre la vente qu'en offrant dans le délai fixé de rembourser immédiatement

1° Le prix en principal ;

2° Les frais qui ont été la conséquence de la vente et ceux qui sont la conséquence du rachat ;

3° Les dépenses nécessaires faites par l'acquéreur en dehors des dépenses d'entretien et, en outre, le montant de la plus value résultant des autres dépenses, pourvu qu'elles ne soient pas exagérées.

478 — Le rachat ne peut s'exercer que pour la chose vendue et non en deçà et au delà, qu'il s'agisse d'une propriété entière, ou indivise, ou divisée par lots, à moins que la faculté de réméré ne s'exerce contre les héritiers de l'acheteur et pour la part indivise ou partielle que chacun d'eux possède.

479 — L'acheteur à réméré qui a acquis, par suite d'une demande en partage dirigée contre lui, le surplus d'une propriété indivise, peut toutefois exiger que la totalité du bien lui soit reprise.

SECTION VII — De la cession des créances et des droits incorporels contre des tiers

480 — La vente des créances et droits incorporels est régie par les règles générales ci-dessus expliquées, sous les modifications suivantes:

481 — La propriété du droit cédé est transmise entre le cédant et le cessionnaire par le seul consentement.

482 — Elle est transmise vis-à-vis des tiers:

1° Par la notification du transport du débiteur cédé;

2° Par l'acceptation du cédé dans un acte ayant date certaine et à partir de cette date seulement. Elle est valable contre le cédé quoique l'acte n'ait pas date certaine du moment de son acceptation, et le tout sans préjudice des règles du commerce pour la cession des titres et effets de commerce.

483 — En matière de commerce, la cession d'une créance non constituée par un effet est parfaite à l'égard des tiers quand la notification de la cession ou l'acceptation du débiteur cédé résulte de livres régulièrement tenus ou des preuves admises en matière de commerce.

484 — La vente d'une hérédité échue comprend, à moins de stipulations contraires, les créances, frais, intérêts perçus et les dettes payées depuis l'ouverture, et dont il doit être fait compte.

435 — Le vendeur ne garantit que l'existence du droit cédé au moment de la vente, et seulement jusqu'à concurrence du prix de la cession et des frais.

436 — Il ne garantit la solvabilité actuelle ou future du débiteur qu'en cas de stipulation expresse pour chacun de ces deux cas.

La garantie est restreinte dans les limites de l'article 435, s'il n'en est autrement expliqué au contrat.

437 — Quand le vendeur cède seulement ses prétentions à une créance ou à un droit incorporel, il n'est pas responsable de l'existence même de la créance, ce qui doit être clairement expliqué à la convention.

438 — Lorsque la créance est vendue dans les termes de l'article précédent ou lorsqu'il y a procès né sur le fond de la créance, le débiteur cédé peut éteindre le droit cédé, en remboursant au cessionnaire le prix réel de la cession, les intérêts et les frais faits.

439 — Cette règle est inapplicable au cas de vente par un héritier à son cohéritier ou au copropriétaire de la créance cédée, ou au cas de cession en payement par un débiteur à son créancier, et enfin toutes les fois que l'acquéreur a acheté le droit litigieux pour éviter lui-même un procès.

CHAPITRE II

Du Louage

440 — Il y a deux sortes de louage :
Le louage des choses,
Et le louage des personnes ou d'industrie.

SECTION I — Du louage des choses

441 — Le louage des choses est un contrat par lequel une des parties s'engage à laisser jouir l'autre partie des avantages et bénéfices de la chose louée, pendant un certain temps, moyennant une redevance déterminée.

442 — Le contrat de bail fait sans écrit ne peut être prouvé, quand il n'a pas encore reçu d'exécution, que par l'aveu ou le serment de celui auquel il est opposé.

S'il y a un commencement d'exécution, et qu'il n'existe pas de quittance, le prix sera fixé par expert, et la durée déterminée par l'usage des lieux.

443 — Le bail fait par un usufruitier, sans le consentement du nu-propriétaire, cesse à l'extinction de l'usufruit, sauf les délais nécessaires pour le congé ou l'enlèvement des récoltes de l'année.

Le bail fait par un tuteur ou un administrateur légal ne peut être consenti que pour trois années, à moins d'autorisation par le Tribunal compétent pour juger les questions de tutelle.

444 — En cas de concours de plusieurs locataires, celui qui est entré le premier en possession est préféré ; excepté quand l'un des locataires d'immeubles a fait transcrire son bail au bureau des hypothèques avant l'entrée en jouissance d'un nouveau locataire ou l'expiration du bail renouvelé.

445 — Le locataire peut sous-louer en tout ou en partie ou céder son bail, à moins de stipulation contraire.

446 — La défense de sous-louer entraîne celle de céder le bail et réciproquement.

Toutefois, malgré la défense de sous-louer, s'il s'agit d'un établissement de commerce ou d'industrie, lorsque la vente de cet établissement sera nécessitée par les circonstances, les tribunaux pourront maintenir le bail en appréciant les garanties offertes par l'acquéreur, si le bailleur n'en souffre pas de préjudice réel.

447 — Dans tous les cas, le locataire principal est, envers le bailleur, garant de son locataire ou de son concessionnaire, à moins que le bailleur n'ait touché directement les loyers de ces derniers, sans réserve, ou n'ait accepté la cession ou la sous-location.

448 — La chose louée est délivrée dans l'état où elle se trouve au moment de l'époque fixée pour l'entrée en jouissance.

pourvu qu'elle n'ait pas été détériorée depuis le contrat, par le fait du bailleur ou de son ayant droit.

449 — Le bailleur n'est tenu à faire aucune réparation à moins de stipulation contraire.

450 — Mais si la chose périt ou se détériore tellement qu'elle devienne impropre à la jouissance, le bail est résolu.

451 — Si la chose est détériorée sans qu'elle devienne impropre à la jouissance prévue par les parties, le locataire a seulement droit à une diminution de loyer proportionnelle.

Le tout à moins de stipulation contraire.

452 — Le locataire d'une maison ou partie de maison ne peut pas empêcher le bailleur de faire les réparations urgentes nécessaires pour conserver l'immeuble ; mais si ces réparations rendent la jouissance impossible, il peut demander, suivant les circonstances, la résolution du bail ou une diminution de loyer pour le temps du trouble.

453 — En aucun cas le locataire, qui sera encore dans les lieux quand les réparations seront terminées, ne pourra demander la résiliation du bail.

454 — Le bailleur ne peut troubler le locataire dans sa jouissance, ni faire dans l'immeuble loué ou dans ses dépendances des changements qui diminuent cette jouissance.

455 — Si le trouble est causé par un tiers et que le trouble soit motivé par la prétention de ce tiers à un droit sur la chose ou qu'il enlève un des avantages principaux pour lesquels la location avait été évidemment faite, le locataire pourra également, suivant les circonstances, demander la résiliation du bail ou une diminution de loyer.

456 — Il perdra son droit s'il n'a pas dénoncé le trouble au propriétaire lors des premières entreprises.

457 — Le preneur doit user de la chose louée suivant sa destination et avec le soin qu'il prendrait de sa chose propre ; il ne pourra faire aucun changement sans autorisation du propriétaire.

458 — Toutefois, si des changements ont été faits par lui, il ne sera obligé de rétablir les choses dans leur état primitif que s'il résulte de ces changements un dommage pour le propriétaire.

459 — Le preneur ne peut employer la chose louée à un autre usage qu'à celui qui a été stipulé par le contrat.

460 — Sauf stipulation contraire, le preneur devra, à l'expiration du bail, rendre la chose louée dans l'état où elle se trouvera, sans détérioration provenant de son fait ou de ceux qui le servent ou habitent la chose louée.

461 — Le preneur doit payer le loyer aux termes stipulés.

462 — A moins de conventions contraires, le loyer est dû à l'expiration de chaque terme de jouissance.

463 — Celui qui a pris à bail une maison, un magasin, une boutique ou une propriété rurale est tenu, sauf conventions contraires, qui pourront résulter des circonstances, de garnir la chose louée de meubles, marchandises, récoltes, ustensiles d'une valeur suffisante pour garantir pendant deux ans les loyers, s'ils n'ont pas été avancés, ou jusqu'à l'expiration du bail, s'il a moins de deux années de durée.

464 — Le bail finit à l'expiration du terme stipulé.

465 — S'il a été fait sans stipulation de terme, il est censé fait par périodes d'un an, de six mois, d'un mois, etc, suivant que le prix est payable par année, par semestre ou par mois ; il cesse à l'un de ces termes, à la volonté d'une des parties, en se prévenant savoir :

Pour les maisons, boutiques, bureaux et magasins, trois mois d'avance, si le terme est de plus de trois mois, et un demi terme à l'avance, si la location est de trois mois ou au-dessous ;

Pour les chambres, un mois d'avance ;

Pour les biens ruraux six mois d'avance au moins, sans que toutefois le bail, dans ce dernier cas, doive finir après l'enlèvement de la récolte préparée ou semée au moment du congé.

466 — Quand il est dit qu'un bail de biens ruraux est fait pour une ou plusieurs années la durée s'entend d'une ou plusieurs révolutions de récoltes annuelles.

467 — Il n'est pas nécessaire de donner congé, quand la durée du bail est fixée par le contrat.

468 — Toutefois si, après l'expiration du bail, le locataire continue la jouissance du consentement du bailleur, le bail est censé renouvelé aux mêmes conditions pour les termes d'usage.

469 — Le locataire sortant est obligé, autant qu'il n'en éprouve pas de préjudice, de permettre au locataire entrant de préparer les terres et de faire les semences.

470 — Le bail se résout par l'inexécution des engagements pris par les parties, ou des obligations indiquées dans les articles qui précèdent, sans préjudice des dommages-intérêts qui, en ce qui concerne le bailleur, doivent comprendre le loyer correspondant au temps nécessaire à la relocation et à la diminution des loyers subie pendant la durée qui reste à courir du premier bail.

471 — Le bail est résolu par la vente de la chose louée, si le contrat de location n'a pas une date certaine antérieure à la date certaine de la vente.

472 — Toutefois, l'acquéreur ne pourra expulser le locataire qu'après un congé donné dans les délais ci-dessus.

473 — Les locataires qui seront congédiés dans ce cas, malgré un bail, seront indemnisés par le bailleur, à moins de stipulation contraire.

474 — Ils ne pourront être expulsés qu'après qu'ils auront été indemnisés par le bailleur ou par l'acquéreur en l'acquit de ce dernier, ou qu'il ne leur ait été fourni caution suffisante.

475 — Le bail n'est pas résolu par la mort du bailleur ni par celle du preneur, à moins que la location n'ait été faite à ce dernier à raison de son industrie et de sa capacité personnelle, ce qui est toujours présumé dans les cas qui seront ci-après prévus d'amodiation.

476 — En matière de bail de biens ruraux, le preneur ne peut demander une diminution de loyers, si la récolte est perdue par cas fortuit.

477 — Si le cas fortuit a empêché le bailleur de préparer la terre, ou de semer, ou a détruit la totalité ou la plus grande partie des semences faites, le loyer n'est pas dû ou doit être diminué.

Le tout sauf convention contraire.

478 — Le preneur d'un bien à ferme qui a planté des arbres, ne peut les enlever, à moins qu'il ne s'agisse de pépinières ; le bailleur a le choix ou de faire enlever aux frais du preneur les arbres plantés sans son consentement, ou de les conserver en payant l'estimation.

479 — Dans le cas où il les fait enlever, il doit attendre l'époque où ils peuvent être transplantés.

480 — Les terres cultivables ou plantées d'arbres peuvent être amodiées, c'est-à-dire données à cultiver au preneur, à charge de donner au bailleur une part déterminée dans la récolte.

481 — L'amodiation peut être stipulée pour plusieurs années, auquel cas la dernière année cesse, malgré toute stipulation contraire, après la récolte, qu'elle soit prématurée ou tardive.

482 — L'amodiation faite sans terme indiqué est censée faite pour une révolution annuelle de récolte.

483 — Dans le silence du bail, l'amodiation comprend les ustensiles et animaux qui se trouvent sur le terrain au moment de la convention, quand ils appartiennent au bailleur.

484 — Le preneur doit entretenir à ses frais les abris et constructions, s'il en existe, et donner tous ses soins à la culture; il doit, sauf stipulation contraire, remplacer les ustensiles usés par vétusté, mais il n'est pas obligé de remplacer, autrement que par le croît, les animaux qui meurent sans sa faute.

485 — L'amodiation, à moins de stipulations contraires, cesse par la mort du preneur ou par tout accident qui l'empêche de cultiver, sauf compte par le bailleur des dépenses faites pour les récoltes non moissonnées.

SECTION II — Du louage des personnes ou d'industrie

486 — Le louage des personnes se fait pour un service déterminé et continu pendant la durée fixée par le contrat, ou pour une œuvre déterminée.

487 — Le louage des employés, ouvriers ou domestiques ne peut être fait que pour un temps limité.

488 — Quand la durée du contrat est fixée, l'indemnité est due par le maître qui résilie le contrat, pour tout le temps pendant lequel celui qui a loué ses services pourra se réengager, et pour les frais de déplacement, s'il a été appelé spécialement d'un autre lieu.

489 — Si la durée n'a pas été fixée, chacune des parties peut rompre le contrat à tout moment, pourvu que ce ne soit pas d'une manière intempestive.

490 — Les preuves consacrées par l'usage seront admises pour établir le montant des salaires dus ou payés.

491 — Le louage d'industrie pour un travail déterminé peut être fait ou à forfait pour tout l'ouvrage, ou suivant un prix arrêté d'après le temps employé ou le travail fait.

492 — Dans tous les cas, le maître peut arrêter le travail, en indemnisant l'entrepreneur des dépenses occasionnées par la préparation du travail suspendu.

493 — Mais s'il a engagé l'ouvrier ou l'entrepreneur pour un temps déterminé ou traité pour tout l'ouvrage à forfait, il doit tout le bénéfice qui serait résulté de l'exécution du contrat.

494 — L'architecte a un droit à un salaire distinct pour la confection des plans et devis et pour la direction des travaux.

495 — A défaut de conventions, ces salaires seront fixés d'après l'usage.

496 — Ils seront seulement proportionnels au temps employé et à la nature du travail, si les plans commandés n'ont pas été exécutés.

497 — Les architectes et entrepreneurs sont responsables solidairement pendant dix années de la destruction des travaux de construction, même quand elle est provenue de vice du sol, et même si le maître a autorisé les constructions vicieuses, pourvu, dans ce dernier cas, qu'il ne s'agisse pas d'une construction destinée dans l'intention des parties à durer moins de dix années.

498 — L'architecte qui n'a pas été chargé de la surveillance des travaux n'est responsable que des vices de son plan.

499 — Le louage d'industrie se résout par la mort de la personne engagée, ou toute circonstance fortuite qui l'empêche de travailler.

500 — Dans ce cas, le maître doit prendre, au prix coûtant, les matériaux apportés qui peuvent lui être utiles.

501 — Les entreprises ne sont réglées qu'après le travail fait; toute situation arrêtée pendant le cours des travaux n'est que provisoire; tout payement fait dans le même temps est considéré comme à-compte, à moins de stipulation contraire.

502 — L'entrepreneur peut sous-traiter son travail par portion ou en totalité, si la faculté ne lui en a pas été enlevée par le contrat; mais il reste responsable des sous-traitants.

503 — Les sous-traitants n'ont d'action contre le maître que pour les sommes dues à l'entrepreneur au moment de la saisie-arrêt faite par un d'eux, et après cette saisie-arrêt.

504 — Ils ont un privilége, au prorata entre eux tous, sur ces sommes, qui peuvent leur être payées directement par le maître sans ordonnance.

505 — Le louage d'industrie peut comprendre accessoirement la fourniture de tout ou partie de la matière.

506 — Quand l'ouvrier fournit la matière, il supporte la perte de la chose commandée, à moins qu'elle n'ait été livrée, agréée ou offerte avec mise en demeure.

Si la matière est fournie par le maître, et qu'il s'agisse d'un travail à forfait, le maître, en cas de destruction par cas fortuit, perd la matière et l'ouvrier son salaire.

507 — Celui qui a entrepris un travail à forfait ne peut, sous aucun prétexte, demander une augmentation de prix, à moins que les dépenses n'aient été augmentées par la faute du maître.

CHAPITRE III

De la Société

SECTION I — Contrat de Société

508 — La société est un contrat par lequel deux ou plusieurs personnes font chacune un apport, pour une opération

commune et dans le but de partager les bénéfices qui pourront
en résulter.

509 — L'apport peut être en capitaux, valeurs, objets
mobiliers ou immobiliers, ou leur jouissance.

Il peut aussi consister dans l'industrie d'un ou plusieurs
associés.

510 — Dans le silence du contrat, il est toujours présumé
que l'apport consiste dans la propriété de la chose, et non pas
seulement dans sa jouissance.

511 — L'apport doit être spécifié et déterminé; quand il
est de tous les biens présents des associés, ces biens doivent
être inventoriés.

512 — Chaque associé doit effectuer son apport au temps
convenu.

513 — Le droit réel de propriété ou d'usufruit du corps
certain apporté par l'ayant-droit, devient commun par le fait
même de la convention, et l'apport est aux risques de la
communauté.

514 — L'associé doit, pour son apport, la même garantie
que s'il s'agissait d'une vente.

515 — L'associé en retard de délivrer son apport est tenu
à des dommages-intérêts sur une simple mise en demeure.

516 — S'il a causé un préjudice à la société, par ce
retard, il doit l'en indemniser sans pouvoir compenser avec les
bénéfices qu'il lui a procurés.

517 — Il est tenu de plein droit des intérêts des sommes
qu'il doit personnellement à la société, et a droit aux intérêts
des sommes avancées par lui au profit de la société, et au remboursement des dépenses faites de bonne foi et sans imprudence dans l'intérêt commun.

518 — Chaque associé doit veiller et pourvoir aux intérêts
de la société comme aux siens propres.

519 — Les obligations de la société envers un associé se
divisent entre tous les associés; si l'un d'eux est insolvable, sa
part contributive se répartit sur tous les autres.

520 — La part de chaque associé dans les bénéfices doit être déterminée par le contrat.

521 — Dans le silence du contrat, la part dans les bénéfices est proportionnelle à l'apport de chaque associé.

522 — La part de celui qui a apporté son industrie est égale à la part de celui des autres associés qui a fait le plus petit apport en nature.

523 — Si l'associé qui apporte son industrie, a fait, en outre, un apport en nature, il prendra, pour ce dernier apport, une part proportionnelle au plus petit apport fait par un autre associé.

524 — Toutefois, si la Société est dissoute avant le terme, l'apport en industrie ne donnera droit au partage du capital de la société que proportionellement à la durée écoulée.

525 — A moins de stipulation contraire, la part dans les pertes est égale à la part stipulée dans les bénéfices.

526 — On ne peut convenir qu'un ou plusieurs des associés n'auront pas de bénéfices ni qu'il retireront leur apport franc de toutes pertes.

527 — Toutefois il peut être stipulé que celui qui apporte son industrie ne participera pas aux pertes, pourvu qu'il ne lui ait pas été tenu compte d'un appointement à raison de son industrie.

528 — Les associés peuvent nommer un ou plusieurs administrateurs.

529 — Les administrateurs non associés sont toujours révocables.

530 — Les associés administrateurs sont révocables, s'ils n'ont pas été nommés par l'acte de société.

531 — Les administrateurs nommés par l'acte de société peuvent cependant être révoqués pour motifs graves, ou s'il s'agit de société anonyme.

532 — Quand les administrateurs n'ont pas été désignés, chacun des associés est censé avoir reçu des autres mandat d'administrer, et peut agir seul, sauf, en cas de contestation, à suivre la détermination prise par la majorité des associés.

533 — Les administrateurs, même à l'unanimité, ni les associés à la majorité quelle qu'elle soit, ne peuvent faire d'autres actes que ceux qui rentrent dans le but de la société, ni ordonner un appel de fonds en dehors de l'apport convenu par le contrat, si ce n'est pour payer les dettes communes ou les dépenses de conservation des biens de la Société.

Ce droit cesse, dans ce dernier cas, en ce qui concerne les associés en commandite ou actionnaires dans une société anonyme.

534 — Les associés non administrateurs ont droit de se faire rendre compte de l'administration des affaires sociales.

535 — A moins de stipulation contraire, un associé ne peut céder tout ou partie son droit dans la Société; il peut seulement intéresser dans ses bénéfices un tiers qui reste étranger à la société.

536 — Dans les sociétés autres que les sociétés de commerce, et dans toutes les société en participation, l'associé qui a contracté en son nom avec un tiers est seul engagé envers le tiers.

537 — S'il a mandat de traiter au nom des associés ou de la société, chacun des associés est obligé pour une part égale et non solidairement envers le tiers, à moins de stipulation contraire.

538 — En tous cas les tiers ont action contre chacun des associés pour le montant de sa part dans le bénéfice produit par l'opération.

539 — La société finit :

1° Par l'expiration du délai pour lequel elle est contractée ;
2° Par la consommation de l'affaire pour laquelle elle avait été contractée ;
3° Par la perte totale du fonds commun, ou la perte partielle assez considérable pour empêcher une exploitation utile ;
4° Par le défaut de réalisation d'un apport promis ;
5° Par le décès, l'interdiction ou la faillite d'un des associés, s'il n'a rien été stipulé à cet égard, sauf les règles spéciales aux sociétés commerciales qui ne sont pas dissoutes par le décès, la faillite ou l'interdiction d'un associé non solidaire.
6° Par la volonté de tous les associés.
7° Par la renonciation d'un des associés, quand la durée de la société n'a pas été stipulée, pourvu que cette renonciation soit faite de bonne foi et non à contre-temps.

540 — La société pourra être dissoute par les tribunaux, à la demande d'un associé, pour inexécution des obligations d'un autre associé, ou pour discussion grave qui empêche la marche des affaires sociales, ou pour tous autres motifs graves.

541 — Les présentes règles s'appliquent à toutes les sociétés, sauf ce qui est dit au Code de commerce en matière de sociétés commerciales.

SECTION II — Du partage des Sociétés et de tous autres partages

542 — Le partage de l'avoir social se fait entre associés d'après le mode prévu par le contrat.

543 — Dans le silence du contrat, le partage se fait, dans les sociétés civiles, par les soins de tous les associés et, dans les sociétés commerciales, par les soins d'un ou de plusieurs liquidateurs nommés par la majorité des associés, ou par le tribunal, dans le cas où la majorité des associés ne peut tomber d'accord sur le choix à faire.

544 — Le liquidateur a le droit de vendre l'actif de la société, soit aux enchères, soit à l'amiable, s'il n'a pas été apporté de restrictions à ses pouvoirs par l'acte de nomination.

545 — Dans tous autres cas où il y a lieu à partage de biens communs, les parties, maîtresses de leurs droits, peuvent, si elles sont unanimement d'accord, procéder au partage de la manière qu'elles aviseront.

546 — S'il y a désaccord, ou si l'une d'elles n'est pas libre de ses droits, celle qui voudra sortir de l'indivision citera les copropriétaires devant le tribunal du siège social ou de la situation des biens, ou, s'il s'agit de mobilier, devant le tribunal du domicile d'un des défendeurs, et demandera la nomination d'un juge devant lequel le partage aura lieu, et d'un ou plusieurs experts pour procéder à l'estimation et à la confection des lots.

547 — L'expertise se fera dans les formes déterminées au Code de procédure.

548 — Si le partage paraît possible en nature, le tribunal prononcera, s'il y a lieu, sur simple renvoi du juge, sur les contestations relatives à la confection des lots.

549 — Le tribunal sera toujours appelé à homologuer la division des biens en lots, quand il y aura des mineurs ou incapables en cause.

550 — La répartition par la voie du sort se fera devant le juge commis qui en dressera procès-verbal.

551 — S'il y a impossibilité de partage en nature, il sera procédé à la vente dans les formes indiquées au Code de procédure.

552 — Le partage en nature vaudra vente de chacun des copropriétaires pour sa part indivise, à celui qui aura acquis le lot, et entraînera les mêmes effets.

553 — Les créanciers communs dont les créances sont nées à l'occasion du bien commun, peuvent exercer leur action pour le tout sur l'ensemble des biens communs avant le partage.

554 — Ils peuvent s'opposer au partage en nature tant qu'ils ne sont pas payés.

555 — Leur opposition et celle des créanciers individuels de chaque copartageant entre les mains des autres copartageants vaut saisie arrêt.

556 — Il ne peut être procédé à la vente des biens communs, qu'à charge de les appeler à tous les actes de procédure.

557 — Les créanciers communs sont préférés, lors du payement et de la distribution du prix, aux créanciers personnels des copartageants.

558 — Les copropriétaires originaires peuvent jusqu'au partage racheter la part indivise qui aurait été vendue par l'un d'eux à un tiers, en lui remboursant le prix, les loyaux coûts et les dépenses nécessaires et utiles.

559 — Chacun des communistes a droit à la préemption dans la proportion de sa part indivise; il a droit à la préemption pour le tout en cas d'abstention des autres.

560 — La préemption peut s'exercer même contre le copropriétaire qui toutefois a un droit de rétention pour sa part dans la propriété commune.

CHAPITRE IV

Du prêt et de la rente

561 — On distingue deux sortes de prêts.
Le prêt à usage et le prêt de consommation.

562 — Le prêt à usage est celui par lequel le prêteur livre à l'emprunteur une chose dont il lui laisse la jouissance et que ce dernier s'engage à restituer après le délai convenu.

563 — Le prêt de consommation est celui par lequel le prêteur transmet à l'emprunteur la propriété d'une chose que celui-ci s'engage à remplacer par une autre chose de même espèce, quantité ou qualité, après le délai convenu.

564 — Dans le silence du contrat, la nature du prêt se détermine d'après la position des parties et la nature de la chose prêtée.

§ 1 — Du prêt à usage

565 — Le prêt à usage est essentiellement gratuit.

566 — L'emprunteur est garant de la perte ou de la dépréciation de la chose arrivée par sa faute, même légère.

567 — Il est tenu de veiller à sa conservation comme un homme diligent et soigneux.

568 — Il ne peut s'en servir que suivant la destination convenue.

569 — S'il emploie la chose prêtée à un autre usage ou après le temps convenu, il doit une indemnité équivalente au prix de location, sans préjudice de la réparation du dommage causé par un usage excessif.

570 — Il a droit de réclamer les dépenses urgentes nécessaires qu'il a dû faire avant de pouvoir aviser le prêteur, mais il doit supporter les frais d'entretien de la chose louée.

571 — L'emprunteur doit restituer la chose à l'époque fixée et ne peut être contraint de la restituer avant cette époque.

572 — A défaut de terme stipulé, la restitution doit être faite après que la chose a servi à l'usage pour lequel elle a été empruntée.

§ 2 — Du prêt de consommation et de la rente

573 — Dans le prêt de consommation la chose prêtée est aux risques de l'emprunteur dès que la propriété lui a été transférée.

574 — Lorsque la chose prêtée est de l'argent en numéraire, elle doit être restituée en même valeur numérique, quelles que soient les variations subies par les monnaies depuis l'époque du prêt.

575 — L'emprunteur doit restituer le prêt à l'époque convenue.

576 — S'il n'y a pas de délai stipulé, ou s'il a été convenu que l'emprunteur restituerait quand il pourrait, le juge fixe la date où la restitution devra avoir lieu.

577 — Le payement doit être fait au lieu où le prêt a eu lieu, s'il n'en a pas été autrement convenu.

578 — Le prêt de consommation est gratuit, s'il n'y a pas de stipulation contraire.

579 — L'intérêt stipulé ne peut être supérieur à 12 0/0.

580 — Le contrat de prêt avec intérêts peut être fait à la condition que le prêteur ne pourra jamais demander le capital et que l'emprunteur pourra toujours le restituer.

581 — Il prend, dans ce cas, le nom de *constitution de rente*, et l'intérêt prend le nom d'*arrérages*.

582 — Toutefois, le prêteur pourra obtenir des tribunaux le remboursement du capital, si l'emprunteur n'exécute pas ses engagements, s'il refuse de donner ou détruit les garanties stipulées, ou s'il est déclaré en faillite.

583 — La rente peut être constituée moyennant un intérêt qui pourra être supérieur à l'intérêt légal, et qui sera servi pendant un délai fixe ou pendant la vie du prêteur, ou de toutes autres personnes vivantes au moment de la constitution de la rente.

584 — Le capital, dans ce cas, ne sera jamais remboursable, et sera amorti par les arrérages payés pendant le temps convenu.

585 — Le créancier de la rente pourra seulement, en cas d'inexécution, de destruction ou de défaut des garanties, ou de faillite du débiteur de la rente, faire vendre les biens de ce dernier et faire affecter sur ce prix une somme suffisante au payement des arrérages.

586 — Les rentes perpétuelles et viagères qui seront constituées comme condition d'une vente ou de tout autre contrat, ou à titre gratuit, seront soumises aux règles ci-dessus.

CHAPITRE V

Du Dépôt

587 — Le dépôt est un contrat par lequel une personne remet une chose mobilière à une autre personne qui promet, sans stipuler de salaire, de garder la chose déposée comme elle garderait sa chose propre et de la rendre en nature à première réquisition.

588 — S'il y a stipulation de salaire le contrat est régi par les règles du louage d'industrie.

589 — Le dépositaire ne peut obliger le déposant à reprendre la chose avant le terme convenu.

590 — Il est responsable de sa faute grave, et du défaut de précaution dont l'observation a été stipulée par le contrat.

591 — Il ne peut se servir de la chose déposée, à peine de dommages-intérêts.

592 — Il doit la rendre au déposant ou à son ayant droit.

593 — Le déposant doit indemniser le dépositaire des frais faits pour la conservation de la chose et des dommages qu'elle lui a causés.

594 — Ce dernier a, pour se couvrir de ce qui lui est dû, un droit de rétention sur la chose.

595 — Le dépositaire qui tire un salaire à l'occasion des faits qui ont motivé le dépôt, comme l'aubergiste, le voiturier, etc., est responsable de la perte de la chose déposée, à moins qu'il n'établisse que la perte a eu lieu par suite de force majeure.

596 — Lorsque le dépôt a été fait, parce que la chose était litigieuse, le dépositaire ou séquestre ne doit la rendre qu'à celui qui sera désigné par toutes les parties ou par le tribunal.

597 — Le dépositaire ou séquestre d'une chose litigieuse, ou sous la main de la justice, peut être nommé par le tribunal, qui peut désigner une des parties en cause.

598 — Le dépôt des choses litigieuses peut n'être pas gratuit et comprendre des immeubles.

599 — Dans tous les cas, le dépositaire ou séquestre doit restituer les fruits; il doit les intérêts de l'argent déposé dès qu'il est mis en demeure de le restituer, quand il le doit, ou dès qu'il l'a employé à son profit.

600 — L'ayant-cause du dépositaire qui a aliéné la chose de bonne foi, ne doit que le prix qu'il a reçu, ou l'action qu'il a contre l'acquéreur. Si l'aliénation a eu lieu à titre gratuit, il doit l'estimation de la chose déposée.

CHAPITRE VI

Du Cautionnement

601 — Le cautionnement est un contrat par lequel une personne s'oblige à payer la dette d'une autre personne, si celle-ci ne la paye pas.

602 — Le cautionnement est nul si l'obligation cautionnée est nulle, à moins qu'il n'ait été contracté qu'à raison de l'incapacité du débiteur; on peut cautionner une obligation à l'insu du débiteur.

603 — Le cautionnement ne peut être consenti pour une somme plus forte que ce qui est dû par le débiteur principal, ni sous des conditions plus onéreuses que la dette garantie.

604 — Mais il peut être de somme moindre et sous des conditions moins onéreuses.

605 — A défaut de stipulations précises, le cautionnement ne porte que sur le principal de la dette, et n'entraîne pas solidarité.

606 — La caution judiciaire entraîne de plein droit la garantie des intérêts, frais et accessoires et la solidarité.

607 — L'obligation générale de donner caution, soit conventionnelle, soit judiciaire, oblige à fournir une nouvelle caution, si la première devient insolvable.

608 — L'obligation de fournir caution est remplie suivant les formes indiquées au Code de procédure.

609 — Le répondant non solidaire a le droit, s'il n'y a pas renoncé, d'exiger que le créancier exerce des poursuites contre le débiteur principal, si les biens de ce débiteur qui peuvent être saisis paraissent suffisants pour payer intégralement la dette; il est en conséquence laissé à l'appréciation des tribunaux de décider, pour ce motif, que les poursuites contre la caution seront suspendues, quant à présent, sans préjudice des mesures conservatoires.

610 — Le répondant a le droit de poursuivre le débiteur à l'échéance de la dette, même quand un délai a été accordé à ce dernier par le créancier, si celui-ci n'a pas déchargé la caution.

611 — Il peut agir également contre le débiteur tombé en faillite avant l'échéance de la dette garantie.

612 — Lorsqu'il y a plusieurs cautions obligées pour la même dette et par le même acte, sans solidarité stipulée, le créancier n'a d'action contre les répondants que pour leurs parts respectives.

613 — Si l'engagement a été pris par plusieurs actes successifs, la solidarité ne se présume pas, mais elle peut résulter des circonstances.

614 — Le répondant qui a payé à l'échéance, a son recours pour tout ce qu'il a payé contre le débiteur principal, et est subrogé aux droits du créancier; mais il ne peut les exercer qu'après lui.

615 — S'il y a plusieurs cautions solidaires, celle qui a payé le tout à l'échéance peut demander à chacun des autres répondants de lui payer sa part de la dette et de lui tenir compte de la part des répondants solidaires insolvables.

616 — Le répondant doit avertir le débiteur avant de payer, ou s'il est poursuivi, sous peine de perdre son action contre le débiteur, si ce dernier a payé lui-même la dette ou a des moyens pour faire déclarer la créance nulle ou éteinte.

617 — Celui qui s'est porté caution de faire présenter le débiteur au jour de l'échéance est tenu de la dette, s'il ne le fait pas présenter à l'époque fixée.

618 — Si le débiteur se présente, la caution est libérée.

619 — La caution est libérée en même temps que l'obligé principal, et jouit des mêmes exceptions que lui, hormis celles qui lui sont essentiellement personnelles.

620 — La caution est déchargée jusqu'à concurrence de la valeur des garanties que le créancier a laissé perdre par sa faute.

621 — Lorsque le créancier a accepté une chose en payement de la dette, la caution est libérée, même si la chose donnée en payement est revendiquée.

CHAPITRE VII

Du mandat

622 — Le mandat est un contrat par lequel une personne est chargée et se charge de faire une chose au nom du mandant et pour ce dernier.

623 — L'acceptation du mandat peut résulter du fait de l'exécution.

624 — Le mandat est présumé gratuit à moins de conventions expresses ou tacites résultant de la condition du mandataire.

625 — Le salaire convenu est toujours sujet à l'arbitrage du juge.

626 — Le mandat peut être spécial ou général.

627 — Le mandat spécial ne donne pouvoir que d'agir dans les affaires qu'il spécifie et leurs conséquences nécessaires.

628 — Le mandat conçu en termes généraux ne donne que le pouvoir de faire des actes d'administration.

629 — Il est nécessaire de justifier d'un mandat spécial ou de pouvoirs spéciaux énoncés dans une procuration générale pour faire un aveu, prêter ou déférer serment, défendre au fond en justice, compromettre et même transiger, aliéner un immeuble ou un droit immobilier, renoncer à une garantie en dehors de l'extinction de la dette, et consentir tout acte à titre gratuit.

630 — Le mandat d'aliéner les immeubles du mandant comprend pouvoir d'aliéner tout immeuble non spécifié ; le mandat de compromettre ou transiger comprend pouvoir de compromettre ou transiger sur tous droits même non spécifiés, en un mot le mandat général sur la nature de l'acte est valable sans que l'objet de l'acte soit spécifié, sauf en ce qui concerne les actes à titre gratuit.

631 — Celui qui traite avec le mandataire a toujours le droit de demander une copie authentique du mandat.

632 — Quand plusieurs mandataires sont désignés dans le même acte, sans qu'il leur soit expressément donné pouvoir d'agir séparément, ils ne peuvent agir que collectivement.

633 — Le pouvoir de se substituer quelqu'un dans le mandat doit être formel.

Le mandataire est responsable du choix du substitué qui ne lui a pas été désigné personnellement, si ce substitué est insolvable, incapable, ou d'une négligence notoire.

634 — Le substitué est en tous cas directement responsable envers le mandant.

635 — Le mandataire répond de sa faute lourde et de l'inexécution volontaire de son mandat.

636 — Il répond de sa faute légère, si un salaire est convenu.

637 — Il ne peut renoncer à son mandat à contre-temps et doit, de quelque façon que le mandat finisse, si ce n'est par révocation formelle, mettre en état les affaires commencées de manière à ce qu'elles ne périclitent pas.

638 — Il en est de même des héritiers du mandataire, s'ils connaissent le mandat et les affaires commencées.

639 — Le mandataire qui a agi pour le compte de son mandant sans faire connaître son mandat s'oblige personnellement.

640 — S'il a déclaré qu'il agissait pour le compte d'un autre et en son nom, il ne contracte aucune obligation personnellement, si ce n'est de justifier de l'existence de mandat.

641 — Il n'est même pas responsable s'il a dépassé ses pouvoirs, pourvu qu'il ait fait connaître au tiers l'étendue de sa procuration.

642 — Il doit compte de sa gestion et des sommes qu'il a reçues pour le compte du mandant.

643 — Il doit les intérêts du jour de la mise en demeure ou de l'emploi qu'il a fait à son profit des deniers reçus.

644 — Il a droit aux intérêts de ses avances du jour où elles ont été faites par lui.

645 — Le mandataire doit exécuter les engagements pris en son nom en vertu du mandat, et déclarer dans un délai raisonnable s'il entend ratifier ou désavouer ce qui a été fait en dehors de pouvoirs qu'il a conférés.

646 — Il doit rembourser les dépenses légitimement faites par le mandataire, quel que soit le succès de l'affaire, s'il n'y a pas faute.

647 — Le mandat finit :
Par la révocation ;
Par la conclusion de l'affaire pour laquelle le mandat est donné ;
Par la renonciation du mandataire notifiée au mandant.
Par le décès d'un des contractants ;

648 — Le décès du mandant ou la révocation du mandataire ne peuvent être opposés au tiers qui les a ignorés.

649 — Le mandataire doit, après la fin de son mandat, restituer au mandant le titre qui lui confère ses pouvoirs.

CHAPITRE VIII

De la composition ou transaction

650 — La composition ou transaction est un contrat par lequel les parties abandonnent respectivement partie de leurs droits pour arrêter ou prévenir une contestation litigieuse.

651 — On ne peut transiger sur une question d'État ou d'ordre public, mais on peut transiger sur les intérêts pécuniaires qui sont la conséquence née d'une question d'État ou d'un délit.

652 — La capacité de composer sur le droit suppose la capacité de disposer du droit.

653 — La renonciation qui résulte de la composition doit s'interpréter dans ses termes les plus stricts, et, quels que soient ses termes, ne s'entend que des droits qui font précisément l'objet de l'affaire sur laquelle on transige.

654 — La transaction ne peut être attaquée que par suite de dol, d'erreur matérielle sur la personne ou sur la chose, ou de fausseté des titres sur lesquels il a transigé, reconnue depuis la transaction.

655 — Les erreurs de calcul doivent être revisées.

656 — Les garanties du droit qui a servi de matière à la transaction subsistent pour l'exécution de la transaction ; mais ceux qui ont charge de la garantie ou qui doivent en souffrir conservent la faculté d'opposer au créancier les exceptions et moyens qui pouvaient exister contre la dette avant la composition.

657 — La composition ne peut être opposée aux cointéressés dans l'affaire sur laquelle elle a eu lieu, ni être opposée par eux.

658 — Lorsque, malgré les termes employés, la convention dénommée transaction ou composition constitue au fond une donation ou une vente, ou tout autre contrat, ces règles ne sont applicables qu'en tant qu'elles ne sont pas en désaccord avec la nature du contrat fait sous le couvert d'une transaction.

CHAPITRE IX

Du Gage

659 — Le gage est un contrat par lequel le débiteur met une chose en la possession de son créancier ou d'un tiers convenu entre les parties, pour garantie de la dette, et qui confère au créancier le droit de retenir la chose engagée jusqu'à parfait payement, et d'être payé par préférence à tout autre sur le prix de cette chose.

660 — Le gage est annulé si la chose engagée revient en la possession de celui qui l'a engagée.

661 — La chose engagée peut garantir successivement plusieurs dettes, à la condition que le détenteur consente à détenir l'objet du gage pour le compte des différents créanciers.

662 — Il ne peut pas être convenu que l'objet du gage restera, faute de payement, la propriété du créancier, qui a seulement le droit de provoquer la vente sous les mêmes conditions que tout autre créancier.

663 — La chose engagée est à la surveillance du détenteur et aux risques et périls du propriétaire s'il y a cas fortuit.

664 — Le créancier gagiste ne peut tirer un profit gratuit du gage.

665 — Il doit, à moins de convention contraire, lui faire produire tous les fruits dont il est susceptible ; ces fruits viennent en déduction de la dette garantie, même avant l'échéance, en s'imputant d'abord sur les intérêts et ensuite sur le capital.

666 — La totalité du gage garantit chaque fraction de la dette.

667 — L'objet du gage peut être mobilier ou immobilier.

668 — Il peut être constitué pour garantie de la dette d'un autre que le constituant.

669 — Le gage mobilier n'est valable, à l'égard des tiers, qu'à la condition d'être fait par un écrit ayant date certaine et portant désignation suffisante de la somme garantie engagée et de l'objet du gage.

670 — Le gage sur une créance se constitue par la remise du titre et l'accomplissement des formalités exigées pour la validité du transport.

Le tout sauf les règles applicables au commerce.

671 — Le gage immobilier n'est opposable aux tiers qu'à la condition d'être transcrit au greffe des hypothèques.

672 — Il ne préjudicie pas aux droits réels régulièrement acquis et conservés sur l'immeuble avant cette transcription.

673 — Le créancier au profit duquel l'immeuble est engagé doit pourvoir à l'entretien et aux dépenses nécessaires à la conservation de cet immeuble, ainsi qu'aux impôts publics, sauf à en retenir le montant sur les fruits ou à se le faire rembourser par privilège sur le prix de l'immeuble.

674 — Il peut toujours se décharger de ces obligations en abandonnant son droit au gage.

Titre IV

DES DROITS DES CRÉANCIERS

CHAPITRE 1ᵉʳ

Des différentes espèces de créanciers

675 — Il y a quatre classes de créanciers :

1° Les créanciers ordinaires qui sont payés sur tous les biens du débiteur commun proportionnellement à leurs créances;

2° Les créanciers hypothécaires, c'est-à-dire qui, moyennant certaines formalités, ont sur un ou plusieurs immeubles de leur débiteur un droit opposable aux tiers d'être payés, par préférence aux créanciers ordinaires, sur la valeur de ces immeubles en quelques mains qu'ils passent ;

3° Les créanciers privilégiés, c'est-à-dire ceux qui, à raison de la nature de leurs créances, ont le droit de se faire payer par préférence à tous autres créanciers sur la valeur de certains meubles ou immeubles du débiteur ;

4° Les créanciers ayant le droit opposable à tous les autres créanciers, de retenir la possession d'un bien de leur débiteur jusqu'à parfait payement.

SECTION I — Des créanciers ordinaires

676 — Les créanciers ordinaires peuvent se payer sur tous les biens de leurs débiteurs, mais en observant les formes déterminées par la loi.

677 — L'aliénation à titre onéreux par le débiteur de ses biens ne peut être attaquée par ses créanciers que quand elle est faite en fraude de leurs droits.

SECTION II — Des créanciers hypothécaires

678 — Le droit d'hypothèque n'existe que quand il a été stipulé par acte authentique passé au greffe d'un tribunal entre le créancier et le propriétaire de l'immeuble affecté au payement de la créance.

679 — Celui qui n'a pas capacité pour aliéner ne peut consentir une hypothèque.

680 — Les immeubles susceptibles, par leur nature, d'être vendus aux enchères peuvent seuls être hypothéqués.

681 — Les immeubles hypothéqués doivent, à peine de nullité de la constitution d'hypothèque, être désignés d'une manière précise par leur nature et leur situation, et le chiffre de la créance doit être déterminé dans l'acte.

682 — L'hypothèque consentie pour sûreté d'un crédit ouvert ou d'une simple ouverture de compte courant est valable pourvu que la somme maximum à laquelle le crédit ou le compte courant pourra s'élever, soit fixée.

683 — Si l'immeuble affecté à la créance vient à périr ou à être détérioré par cas fortuit, de manière à rendre la garantie incertaine, le débiteur devra, à son choix, offrir une hypothèque suffisante sur un autre immeuble ou payer la dette avant l'échéance. Cette option appartiendra au créancier si la perte ou la détérioration est arrivée par la faute du débiteur ou du détenteur.

684 — L'hypothèque des biens à venir est nulle.

685 — L'hypothèque s'étend, sauf convention contraire, à tout l'immeuble et à tous les immeubles affectés indivisément, à leurs accessoires et aux améliorations et constructions qui profitent au propriétaire.

686 — Le droit d'hypothèque ne peut être exercé qu'à la condition d'avoir été inscrit au greffe des hypothèques de la situation de l'immeuble, avant que le propriétaire qui l'a hypothéqué n'ait été dessaisi à l'égard des tiers, sans préjudice des règles établies en matière de faillite.

687 — L'inscription sera faite sur un bordereau en double qui contiendra :

1° Les nom, prénoms, profession et demeure du créancier, avec élection de domicile dans le ressort du tribunal, sinon les actes, s'il y a lieu, seront valablement signifiés au greffe ;

2° Les nom, prénoms, profession et demeure du débiteur ou du propriétaire qui a consenti l'hypothèque, s'il est autre que le débiteur ;

3° La date de la convention d'hypothèque et la mention du greffe où elle a été passée ;

4° Le montant du chiffre de la créance d'après l'acte de l'hypothèque et l'époque de l'exigibilité ;

5° La désignation précise de l'immeuble hypothéqué.

688 — Les créanciers sont payés sur le prix de l'immeuble, ou le montant de l'assurance en cas d'incendie, dans l'ordre de leur rang d'inscription, même lorsqu'ils ont fait inscrire leurs créances le même jour.

689 — L'inscription garantit de plein droit deux années d'intérêts outre le capital, s'il en est dû au moment de la répartition du prix.

690 — L'inscription est périmée si elle n'a pas été renouvelée dans les dix ans, sauf au créancier, après la péremption, à prendre, s'il peut le faire encore valablement, une nouvelle inscription qui n'aura rang qu'à sa date.

691 — Le renouvellement cesse d'être obligatoire après la vente ou l'adjudication de l'immeuble, si les délais de surenchère sont expirés, et si en cas de vente volontaire et d'offres faites par l'acquéreur et acceptées par les créanciers du prix avec ou sans un supplément, ces offres ont été réalisées.

692 — La radiation des inscriptions ne pourra avoir lieu qu'en vertu d'un jugement passé en force de chose jugée, ou du consentement donné par le créancier par acte au greffe.

693 — La demande en radiation est portée devant le tribunal de la situation des biens, sauf si elle a lieu incidemment aux contestations sur la créance garantie.

694 — A l'échéance de la dette, le créancier hypothécaire peut, outre l'action personnelle qu'il a contre le débiteur principal, et après commandement à ce dernier, procéder, dans les délais et formes indiqués au Code de procédure, à la saisie et à la vente de l'immeuble hypothéqué.

695 — Toutefois, si cet immeuble est entre les mains d'un tiers détenteur, le créancier ne peut procéder à la saisie qu'après sommation à ce dernier de payer la dette ou de délaisser l'immeuble, et après les délais indiqués au Code de procédure.

696 — Le tiers détenteur a le choix, ou de payer la dette en se faisant subroger aux droits du créancier, ou d'offrir, pour payer les dettes, la somme à laquelle il évalue l'immeuble et qui ne peut être moindre que ce qui reste à payer sur le prix, ou de délaisser l'immeuble hypothéqué, ou enfin de subir les poursuites de saisie immobilière.

697 — Le droit d'offrir somme suffisante pour payer la dette et celui de délaisser subsistent jusqu'à l'adjudication sur saisie.

698 — Le tiers détenteur doit offrir en outre les frais faits depuis et y compris la saisie, sauf son recours contre le débiteur et le précédent propriétaire.

699 — Le droit d'offrir le montant de la valeur de l'immeuble ne subsiste que jusqu'à la saisie.

700 — L'inscription à laquelle est subrogé le tiers détenteur qui a payé la dette doit être maintenue et renouvelée, s'il y a lieu, jusqu'à la radiation des inscriptions existant au moment de la transcription du titre d'acquisition de ce tiers détenteur.

701 — Le tiers détenteur qui a offert le montant de la valeur qu'il attribue à l'immeuble n'est libéré en cette qualité que si l'offre est acceptée.

702 — Il peut faire cette offre sans avoir reçu de mise en demeure.

703 — L'évaluation doit être faite séparément pour chaque partie de l'immeuble qui est affectée d'une hypothèque spéciale.

704 — L'offre n'est pas faite à deniers découverts, mais elle doit être faite d'une somme payable au comptant, quelle que soit l'époque d'exigibilité des créances inscrites.

705 — Elle doit être faite à tous les créanciers inscrits au domicile élu dans leur inscription, et être accompagnée de la notification :

1° Du contrat d'acquisition avec indication du nom des parties contractantes, du prix stipulé et des charges, s'il y a lieu, et de la situation précise de l'immeuble;

2° De la date et du numéro de la transcription de cet acte;

3° Du tableau des inscriptions existantes, contenant la date du contrat d'hypothèque et des inscriptions de la créance et le nom des créanciers.

706 — L'offre sera réputée avoir été acceptée si aucun des créanciers n'a fait, dans le délai de soixante jours à partir de la dernière notification, la déclaration de surenchère au greffe dans les formes indiquées au Code de procédure.

707 — Ces soixante jours seront augmentés des délais de distances entre le domicile réel du créancier et son domicile élu ; mais ces derniers délais ne pourront être supérieurs à soixante nouveaux jours.

708 — La surenchère ne portera, pour chaque créancier, que sur la partie des biens affectés à sa créance.

709 — Elle ne pourra être suivie de désistement que du consentement de tous les créanciers inscrits.

710 — Le délaissement se fait par déclaration au greffe de la situation de l'immeuble.

711 — La partie la plus diligente fera nommer par le juge des référés un séquestre sur lequel sera suivie la procédure d'expropriation forcée.

712 — Le tiers détenteur sera nommé séquestre, s'il le demande.

713 — Lorsque le tiers détenteur délaisse ou subit l'expropriation, il doit la restitution des fruits depuis la mise en demeure à lui faite de payer ou de délaisser, à moins de péremption, qui a lieu de plein droit au bout de trois ans.

714 — Les frais et loyaux coûts qu'il a faits sont compris dans les charges de l'adjudication.

715 — L'adjudicataire doit lui payer, en déduction de son prix, le montant des dépenses nécessaires, et, en outre, jusqu'à concurrence de la plus-value, le montant des dépenses utiles.

716 — Il doit compte personnellement aux créanciers, des détériorations survenues par son fait ou sa négligence.

717 — Les servitudes et droits réels qu'il avait sur l'immeuble avant son acquisition renaîtront ; il en sera de même de l'hypothèque, dont le rang toutefois ne sera conservé que si l'inscription n'a été ni périmée ni radiée.

718 — Si le prix de l'adjudication dépasse le montant de ce qui est dû aux créanciers inscrits, les créanciers personnels du tiers détenteur auxquels il aura consenti des hypothèques, seront payés sur ce prix, après ceux qui tiennent leurs droits des précédents propriétaires.

719 — Le tiers détenteur qui a été exproprié, ou qui a délaissé, a une action en garantie contre le précédent propriétaire, si l'acquisition a eu lieu à titre onéreux ; il a, en tous cas, un recours en restitution des sommes déboursées par lui, à quelque titre que ce soit, contre le débiteur principal.

720 — Il a recours également contre le débiteur pour les sommes payées, à quelque titre que ce soit, au delà de la somme mise à sa charge par son contrat d'acquisition, s'il a conservé l'immeuble, ou en est devenu adjudicataire.

721 — L'adjudicataire, par suite de vente judiciaire, n'aura pas le droit de délaisser. Il sera contraint de payer aux créanciers inscrits le prix de son adjudication, et rien au delà, sauf les règles tracées par le Code de procédure pour la surenchère.

SECTION III — Des créanciers privilégiés

722 — Sont privilégiées les créances suivantes :
1° Les frais de justice faits pour la conservation et la réalisation des biens du débiteur, et qui seront payés sur le prix de ces biens avant les créances de ceux au profit desquels ils ont été faits ;
2° Les sommes dues aux gens de service pour les salaires de l'année qui précédera la vente, la saisie ou la faillite, pour les salaires de six mois pour les commis et ouvriers, qui seront payés, s'il y a lieu, après les frais de justice.
Ce privilège s'exercera sur les meubles et immeubles du débiteur ;
3° Les sommes dues pour les frais de récolte de l'année, et celles dues pour les semences qui ont produit la récolte, qui

seront payées, dans l'ordre indiqué au présent alinéa, après les créances précédentes, sur le prix de vente de ladite récolte.

Les trois privilèges ci-dessus s'exerceront indépendamment de toute inscription ;

4° Les sommes dues pour ustensiles d'agriculture encore en possession du débiteur, qui seront payées, après les frais de justice, et les salaires sur le prix desdits ustensiles ;

5° Les loyers et fermages et tout ce qui est dû au bailleur à ce titre, qui viendront ensuite sur le prix de tout le mobilier garnissant les lieux loués et même sur les récoltes de l'année, qui appartiendront encore au fermier, bien qu'elles soient déposées hors des lieux loués ;

6° Le prix dû au vendeur ou les deniers fournis par acte ayant date certaine, avec affectation spéciale au payement de ce prix, qui seront privilégiés sur la chose vendue, tant qu'elle est en la possession de l'acheteur, si elle est mobilière, sauf l'application spéciale des règles en matière de commerce, et quand il s'agira d'immeubles, si l'acte de vente a été antérieurement transcrit.

Ce privilège ne s'exercera qu'au rang qui lui sera donné par la date de la transcription ;

7° Les sommes dues aux aubergistes sur les effets déposés dans l'auberge par les voyageurs.

723 — Les copartageants auront, sur les immeubles qui ont fait l'objet du partage et pour leur recours respectif à raison de ce partage, un privilège qui se conservera par l'inscription au bureau des hypothèques, sans qu'il soit besoin d'une convention spéciale, et qui s'exercera au rang que lui donnera son inscription.

724 — Les sommes dues à raison de frais faits pour la conservation de la chose primeront toutes autres créances, et viendront entre elles dans l'ordre inverse de leur date sur les meubles.

725 — Les autres cas de privilèges sur les meubles sont déterminés par les autres codes ou des lois spéciales.

SECTION IV — Des créanciers qui ont un droit de rétention

726 — Indépendamment du droit de rétention accordé par la loi dans des cas particuliers, le même droit existe :

1° Au profit du créancier nanti en outre de son privilège ;

2° Au profit de celui qui a amélioré la chose, pour le montant de ses dépenses ou de la plus-value, suivant le cas;

3° De celui qui a fait des dépenses nécessaires ou de conservation.

CHAPITRE II

De la preuve des droits réels

727 — En toute matière, la propriété et les droits réels se prouvent à l'égard d'un précédent propriétaire par la preuve du contrat de transmission de propriété ou du droit réel, ou de tout fait auquel la loi attache la force d'opérer cette transmission.

728 — En matière mobilière, la preuve contre toute personne résulte de la possession avec titre et bonne foi.

729 — La possession des meubles seule fait présumer le titre et la bonne foi, sauf preuve contraire, et sauf ce qui a été dit précédemment en cas de perte et de vol.

730 — En matière immobilière, les droits réels s'établissent entre personnes tierces qui y prétendront d'après les règles suivantes :

731 — La propriété ou ses démembrements résultant de succession seront établis vis-à-vis de toutes personnes par le titre.

732 — Les droits résultant d'actes entre-vifs translatifs de propriété ou de droits réels susceptibles d'hypothèques ou constitutifs de droit de servitude, d'usage, d'habitation ou d'antichrèse, ou portant renonciation à ces droits, seront établis vis-à-vis des tiers prétendant un droit réel, par la transcription desdits actes ou jugements au greffe des hypothèques de la situation des immeubles.

733 — Les jugements déclaratifs ou constitutifs de droits de même nature devront également être transcrits.

734 — Il en sera de même des jugements d'adjudication

et d'actes et jugements contenant un partage d'immeubles en nature.

735 — Les baux de plus de neuf années et les quittances anticipées de plus de trois ans de loyer devront être transcrits pour faire preuve vis-à-vis des mêmes personnes.

736 — Les privilèges sur les immeubles autres que les frais de justice et les salaires des gens de service, commis ou ouvriers, ainsi que le droit d'hypothèque, devront également être inscrits au greffe des hypothèques, dans les formes spécifiées plus loin.

737 — A défaut de transcription ou d'inscription, quand elle est exigée, les droits ci-dessus seront considérés comme non avenus à l'égard de ceux qui ont des droits sur l'immeuble et qui les ont conservés en se conformant à la loi.

738 — Toutefois, ces derniers auront seulement le droit de faire réduire à neuf années les baux d'une durée plus longue, et de faire rapporter ce qui a été payé au delà de trois ans de loyers d'avances.

739 — Par exception aux règles ci-dessus, ni le donataire qui aura transcrit son titre, ni le légataire à titre particulier, même s'il a lui-même transcrit, ne pourront opposer le défaut de transcription à celui qui, en vertu d'un acte ayant date certaine avant la transcription ci-dessus, a acquis à titre onéreux la propriété d'un droit susceptible d'hypothèque, ou l'usufruit d'un droit d'usage ou d'habitation.

740 — Cette faculté appartiendra à l'ayant droit à titre onéreux du donataire ou du légataire particulier, lorsqu'il aura lui-même transcrit son titre ou inscrit son droit de préférence.

741 — En cas de contrats de transmission entre plusieurs propriétaires successifs, il suffira de transcrire le dernier contrat.

742 — L'action résolutoire du vendeur n'est pas opposable à ceux qui ont publié régulièrement les droits réels qu'ils tiennent de l'acheteur ou de ses ayants droit avant la transcription de l'acte de vente.

743 — Le vendeur en est déchu s'il n'a pas transcrit avant le jugement de déclaration de faillite du détenteur.

744 — Les dispositions du présent chapitre ne sont applicables qu'à partir de la date de l'installation des tribunaux.

CHAPITRE III

Du greffe des hypothèques

745 — Il sera tenu au greffe de chaque tribunal un registre coté et paraphé à chaque page par un juge du tribunal, sur lequel le greffier portera, et en leur donnant un numéro d'ordre, les transcriptions et inscriptions qui sont ordonnées par le présent titre.

746 — Le greffier tiendra en outre un registre coté et paraphé comme il est dit ci-dessus, et sur lequel il fera mention, au fur et à mesure de la remise, des actes ou bordereaux des transcriptions et inscriptions qui lui seront demandées.

747 — Ce registre sera arrêté chaque jour.

748 — Les numéros d'ordre portés sur ce registre devront correspondre avec ceux du registre précédent.

749 — La transcription ou l'inscription porteront la date de la remise de l'acte ou du bordereau.

750 — La transcription et l'inscription devront se faire dans les huit jours au plus tard de la remise.

751 — Le tribunal pourra autoriser, s'il y a lieu, le greffier à tenir deux ou plusieurs registres de transcription ou d'inscription par jour pair et impair.

752 — Le reçu des actes à transcrire et des bordereaux d'hypothèque à inscrire qui sera donné à la partie contiendra le numéro d'ordre du registre, la date et l'heure de la remise.

753 — La mention de la remise des pièces et les transcriptions et inscriptions se feront sans blancs, ratures, interlignes, grattage ou surcharge. S'il y a des renvois ou des mots rayés, ils devront être approuvés le jour même par un juge, qui datera son approbation après avoir collationné avec la pièce remise par la partie.

754 — La transcription et l'inscription se feront sur la réquisition des parties, sauf les cas où la loi dit que le greffier les fera d'office.

755 — La transcription comprendra la copie textuelle de l'acte en la partie qui est relative à la translation de propriété.

756 — La mention de la transcription avec sa date, son numéro d'ordre et l'indication du numéro de la page du registre sera faite au pied de l'acte transcrit, qui sera rendu à la partie requérante.

757 — L'inscription sera la copie du bordereau remis en double par la partie et comprenant les indications comprises à l'article 587.

758 — La mention de l'inscription, avec son numéro d'ordre, sa date et l'indication de la page du registre, sera faite au pied de la copie du bordereau qui sera remise à la partie.

759 — Le greffier signera les mentions de transcription et d'inscription.

760 — Le greffier tiendra deux répertoires, l'un, par ordre alphabétique, à une ou plusieurs lettres, suivant le nom du propriétaire ou ancien propriétaire sur lequel la transcription a lieu, ou du débiteur sur lequel l'inscription de l'hypothèque est prise.

L'autre, également alphabétique, où seront répertoriées seulement les transcriptions.

761 — Le dernier répertoire contiendra le nom des précédents propriétaires indiqués dans l'acte à transcrire et sur lesquels la transcription n'aura pas été faite antérieurement.

762 — Le greffier sera tenu de délivrer à tout requérant soit l'état général ou spécial des inscriptions et transcriptions, soit copie des actes transcrits et des inscriptions subsistant, ou un certificat qu'il n'en existe pas.

763 — Il doit aussi délivrer, s'il en est requis, un extrait du répertoire.

764 — Il sera responsable des omissions ou erreurs de copies imputables à sa faute ou à celle de ses employés, s'il en résulte un préjudice pour la partie.

765 — Le créancier qui aura été forclos ou déchu de ses droits, l'acquéreur à titre onéreux qui aura contracté sur un certificat erroné, auront leur recours contre le greffier qui aura délivré ce certificat.

766 — Le greffier transcrira d'office un extrait des jugements d'adjudication aux enchères publiques, à peine de 500 piastres d'amende.

767 — Les frais de la transcription seront supportés par l'adjudicataire.

768 — Le greffier des hypothèques mentionnera d'office, en marge des inscriptions et des transcriptions, les jugements qui annuleront ou déclareront la résolution de l'acte transcrit, et transcrira ceux qui statueront sur un acte de mutation non transcrit et ayant date certaine avant la date où la présente loi sera appliquée, et ce, à peine de 500 piastres d'amende.

769 — Dans les cas des articles 766 et 768 qui précèdent, le greffier ne sera pas responsable envers les parties qui pourront requérir les transcriptions et mentions ci-dessus.